로뎀나무를 꿈꾸며

로뎀나무를 꿈꾸며

권갑숙 수필집

세종출판사

| 작가의 말

　사무실 창밖으로 가을이 출렁거린다. 평소 업무를 보다가 종종 마당으로 나와 꽃을 본다. 우리 회사 마당 절반쯤을 갈라 각종 유실수와 꽃들을 심었다. 한겨울만 제외하고는 화단에 언제나 잎이 피고 꽃이 핀다. 꽃들이 화들짝 나를 반긴다. 꽃밭은 손이 가는 만큼 싱그러운 꽃, 화사한 꽃을 선물한다.
　글도 꽃밭 가꾸듯이 가꾸어야 좋은 글을 꽃 피울 수 있을 텐데 그러지 못했다. 내심 시 같은 수필을 쓰고 싶었다. 은유와 상징, 유머와 위트가 깃든 그런 수필을 쓰고 싶었다. 그런데 일 속에 파묻혀 하루하루 시간이 흘러가 버리고 말았다. 바쁜 일상 가운데 그래도 어렵게 시간을 내어 글을 쓰다 보면 나름대로 뭔가 행복한 느낌이 들었다. 거칠면 거친 대로 부족하면 부족한 대로 글을 쓰는 순간에는 가장 솔직해지고 가장 순수해짐을 느낄 때마다 기도할 때처럼 마음 가득 위로의 단비가 내린 듯했다. 뿌듯하고 평안했다. 그래서 지금까지 펜을 놓지 못하고 여기까지 온 것 같다.

늘 바쁘다는 핑계로 나의 글밭을 제대로 가꾸지 못한 채, 아직 잡초가 무성한데 세상으로 내보낸다. 잘 가꾸지 못한 나의 글밭일지라도 어여뻐 여겨주시어 작품집을 낼 수 있도록 허락해주신 하나님께 감사드린다. 그리고 곁에서 언제나 따뜻하게 감싸주고 응원해주는 가족들에게 이 기회를 빌려 고맙고 사랑한다는 말을 전한다.

2023년 11월,
누군가 쉬어갈 로뎀나무를 꿈꾸며

권갑숙

차례

▌**작가의 말** • 4

제1부 중심

그해, 오월 1 • *12*

그해, 오월 2 • *14*

가을의 문장 • *19*

당근 마켓 • *25*

내생의 화양연화花樣年華 • *31*

등산 • *37*

열매 • *44*

동거 • *50*

제2부 지금은 패키지여행 중
(자다르 항구에서)

겨울을 읽는 중 • *54*
불광불급不狂不及 • *60*
벗나무집 간이역 • *67*
봄날의 우수 • *72*
나는 나에게 뭘 해 주지? • *77*
내가 가는 길만 비추기보다는 • *83*
그놈이 보고 싶다 • *89*
호박잎으로 쓴 편지 • *98*

제3부　란타나의 비밀을 말해줄게

　　　잠시 휴식을 취하십시오 • *102*
　　　어떤 판결 • *108*
　　　오래 된 비밀 • *115*
　　　해아래 영원한 것은 없나니 • *120*
　　　나도 시어머니가 되었다구요 • *125*
　　　접속 • *133*
　　　뒷모습이 아름다운 사람 • *136*
　　　공칠과삼功七過三의 정신 • *141*

제4부 동그라미

두 남자 이야기 • *148*

수식어 • *152*

무소유의 역리逆理 • *157*

담을 헐듯 • *161*

사랑과 집착 사이 • *166*

그대, 이런 친구를 가졌는가? • *171*

나이를 먹는다는 것 • *174*

착각의 힘 • *178*

맛있는 오지랖 • *183*

• **작품해설** | 박정선

사유의 텃밭을 가꾸는 호미질 소리 • *187*

제 1 부

중 심

마당 귀퉁이
분홍달맞이꽃 한 무리
바람이 불 때마다
새 다리처럼 휘청휘청

노끈으로 한 움큼씩 잡아
허리를 묶어 주었더니

비로소 중심을 잡고
덩실덩실
중심을 잡는다는 것은
자유
우주와 교감하는
푸른 자유

그해, 오월 1

K 초등학교는 여섯 개의 교실과 두어 칸의 교무실이 전부였다. 예닐곱 개 교실이 일자로 붙어 있어서 마치 자벌레 한 마리가 누워있는 형상을 하고 있었다. 나는 일주일에 한 번씩 학생예금을 수납하기 위해 K학교를 방문했다. 교무실이 정중앙에 있어서 교문에서 교무실로 가기 위해서는 넓은 운동장을 가로질러 가야만 했다. 넓은 운동장은 갈 때마다 비어있었고 길게 뻗으며 움직이는 내 그림자와 또각또각 들리는 내 구두소리만 정적을 깨우곤 했다. 간혹 풍금소리와 아이들의 노랫소리로 누워있던 자벌레도 흔들흔들 몸을 비튼다는 상상

을 하곤 했었다.

그때 수업하다 말고 열린 창밖으로 내 모습을 훔쳐보던 한 시선이 있다는 걸 느꼈다. 다름 아닌 6학년 담임을 맡은 젊은 남자 선생님이었다. 옅은 브라운색 원피스에 하얀 벨트를 맨 농협 직원 유니폼을 입은 나는 그때부터 그 학교 운동장을 가로질러 걷기 시작하면 걸음걸이가 괜히 부자연스럽기 시작했다. 어쩌다 그 선생님과 마주치면 그야말로 서로 포커페이스를 한 채 업무를 보고 나왔지만 그때마다 심장은 괜히 설레발을 치곤했었다.

오월의 볕뉘가 사무실 버티컬 사이를 비집고 사선으로 비껴 흐르던 어느 늦은 오후, 그 총각선생님으로부터 한 통의 공문을 받았다. 담임을 맡았던 6학년 남자아이 두 명에게 하루에 몇 대밖에 다니지 않는 완행버스를 태워 내게 공문을 전하라는 심부름을 시킨 것이었다. 공문은 학생예금 통장 재발급 의뢰서였다. 그런데 기안용지에 적힌 공문 내용이 뭔가 이상했다. 기안자와 교감, 교장의 사인이 달랐지만 분명 같은 사람이 사인을 한 것 같았다. 거기다 분실 날짜가 미래로 적혀 있었고 분실장소는 어느 찻집으로 적혀 있었다. 그건 다름 아닌 깜찍한 데이트 신청이었다. 그날 이후 파문처럼 일렁이는 그 설렘을 감추느라 허둥댔던 그해 오월이 새삼 푸르게 그립다.

그해, 오월 2

 4시간을 달렸다. 드디어 논산육군훈련소에 도착했다. 생각보다 일찍 도착해서 점심 먹기도 이른 시간이라 근처 잠시 쉴 만한 곳을 찾으니 견훤릉 공원이 보였다. 한적한 시골에 있는 견훤릉 공원에 주차를 하고 세 사람은 무언으로 걷기 시작했다. 딱히 훈계할 말도 위로할 말도 무색 해 질 것 같아서 그냥 느릿느릿 시간만 덜어냈다. 그저 하늘도 땅도 사랑하는 연인을 보내는 마음처럼 쓸쓸했다.

 길가 자색 목련화가 아직 질 때가 아닌 것 같은데도 내 마음처럼 투둑투둑 송이째 떨어지고 있었다. 오늘따라 왜 햇살은 해가 처음 솟아오를 때의 햇귀처럼 왜 이렇게도 시리게 투명할까 생각하며 걷다가, 딱히 할 일이 없어서 일단 이른 점심부터 먹기로 했다. 어디를 갈지 몰라 그냥 보이는 대로 비빔밥집에 들어갔다. 이 집 밥맛이 원래 없었는지 오늘따라 유달리 밥맛이 없는지 반도 못 먹었는데 한 그릇을 다 비우는 아들이 그나마 위로를 준다.

작은 읍이라 식당 곳곳에서 머리를 방금 깎은듯한 아들을 데리고 식당을 찾는 부모들이 여럿 보였다. 초록은 동색이라고 그들의 마음도 우리랑 같을 것 같아서 괜히 인사도 해보고 말을 걸고 싶었다.

억지로 한 끼를 때웠다 싶은 마음으로 식당을 나와 훈련소로 가는 길을 다시 내비게이션에 입력하니 바로 지척이었다. 느릿느릿 운전하며 가는데 수십 명의 사람들이 둥글게 에워싸고 있는 곳이 보였다. 입구에서는 "왕의 남자"라는 영화에서 주인공 역을 맡은 배우 L이 이날 입대하고 있었다. 그래서 팬들이 구름 떼같이 몰려 있었구나. 하지만 내겐 조금도 신기하지 않았고 눈에 들어오지 않았다. 오직 아들을 새로운 세상에 혼자 남겨놓고 돌아가야 하는 걱정만 가득했었다. 그것만이 중요했었다.

오월의 초입인데도 한낮의 햇살은 따갑기까지 하다. 신록 사이로 불어야 할 바람들은 이른 휴가를 갔는지 한 줄기도 보이질 않는다. 훈련원 마당에는 한여름을 방불케 하는 따가운 햇살만 일직선으로 내리꽂으며 사열을 하고 있었다. 입영하는 군인들보다 서너 배로 많은 가족들, 마치 전쟁터로 나가는 자식들을 떠나보내듯 현장은 아쉬움으로 점점 물결치기 시작했다.

입영식 식전 행사가 간단히 시작되고 드디어 가족과의 마지막 이별의 시간이 왔다. 애써 웃음을 보이고 잘 다녀오겠다는 말만 남기고 넓은 운동장으로 우르르 뛰어나가는 아이들, 눈 깜짝할 사이에 운동장은 그 넓은 입을 벌려 스무 살대의 푸르름을 모조리 먹어 치울 것 같았다. 마치 블랙홀처럼. 저 푸른 기백을 2년 동안이나 자르고 억누르고 굽혀서 만든 분재처럼 만들다니, 대한민국에서 태어나게 한 것이 잠시나마 억울함이 스쳤다.

한꺼번에 수 백 명이 집합하다 보니 도대체 어디에 줄을 섰는지 보이지도 않았고 찾을 수도 없었다. 몇 가지 의식을 치르고 난 뒤 마지막으로 운동장 한 바퀴를 돌아들어갔다. 가족들은 전쟁터로 가는 아들의 마지막 모습을 보려는 듯 발 뒤꿈

치를 치켜들고 아들을 찾기에 기를 썼다. 나 역시 사람들로 이루어진 벽을 뚫고 맨 끝 줄까지 두 눈을 부릅뜨고 아들을 찾았다. 방금 함께 있다 보내놓고도 몇 년을 못 본 듯이 아들을 찾는 내 열정은 과연 대한민국의 엄마였다.

  어머니들은 대단했다. 한 번이라도 아들모습을 더 보려고 마치 생사의 갈림길에라도 선 것처럼 끝까지 움직이지 않고 서 있었다. 그런데 아빠들은 옷자락을 당겼다. 주차장에서 빨리 빠져나가려면 지금 움직여야 한다고 채근했다. 누구라도 다 가는 곳이고 너무 유난 떨지 말라며 담담한 척 하던 남편도 마찬가지였다. 순간 남편 말이 맞는 말인 줄 알면서도 몰인정하단 생각이 들었다. 손을 잡아 이끄는 남편에게 끌려가다시피 하면서도 두 눈은 운동장에 고정시켜 놓았다. 운동장을 한 바퀴 돌고 어딘가의 건물로 들어가는데 마지막 끝줄까지 감추는 것을 보고 그제야 돌아서면서 억지로 막아 놓았던 눈물샘 둑이 터져버린다.

  떨어지지 않는 무거운 발걸음을 다시 차에 실었다. 돌아오는 차 안엔 아들대신 침묵이 앉았는지 우리 두 사람까지도 할 말이 없었다. 열린 창문으로 들어오는 바람도 뒷좌석에 앉았던 아들의 체온을 자꾸 쓰다듬는데 몇 번이고 뒤돌아 봐 진다.

 갑자기 얼마 전 돌아가신 친정엄마가 너무 그리웠다. 오빠 셋을 군대에 보낸 친정 엄마의 마음이 저리게 아파왔다. 처음 큰아들을 공군에 보내놓고는 잠을 못 잤고 첫 휴가 나올 때는 맨발로 마당으로 뛰어 나갔다고 했다. 그 옛날 엄마의 마음이 내 마음과 같았으리라. 일주일쯤 후면 입고 갔던 옷과 신발이 소포로 돌아올 때면 마치 아들이 온 것처럼 한바탕 눈물을 쏟았다고 했다.
 저녁 해가 뉘엿거리면 버릇처럼 쓸쓸해질 텐데 그 허전함을 어떻게 달랠지 걱정이다. 하지만 반대로 생각해 본다. 국가의 의무를 다 할 수 있도록 건강한 아들이 있어서 감사하고 이렇게 육군이라는 멋진 곳에서 훈련받는 것도 감사하고, 입대란 이별 앞에 자식에 대한 사랑을 다시 한번 느낄 수 있어서 감사하고, 푸른 제복의 멋진 육군이 되어 돌아올 날을 기다리는 것도 감사하다고 마음을 바꿨다.

 돌아오는 차 안에서 본 창밖은 여전히 푸른 오월로 출렁거렸다.

가을의 문장

 길을 나섰다. 가을 햇살의 유혹에 잠시 점심시간을 틈 타 사무실을 나왔다. 하늘은 어쩜 이렇게도 푸를까. 누가 분명 지구를 거꾸로 뒤집어 놓았다. 푸른 호수가 하늘에 펼쳐져 있는 걸 보면. 중간중간 새하얀 솜털 구름도 호수 위에 떠 있다. 한 움큼 걷어다 밀봉이라도 해 두고 싶다. 한낮의 온도가 꽤 뜨거운 걸 보면 아직 영글지 못한 열매들에게 마지막 햇살을 퍼붓는 모양이다. 살랑살랑 바람도 겨울채비를 독려한다. 최소한의 수액으로 추운 겨울을 준비하려면 어서 서둘러야 한다고 동네 이장님처럼 외고 다닌다.

사무실 건너 내동으로 가는 길 입구에 들어섰다. 멀리 계곡마다 단풍들은 우르르 달려올 것처럼 출발선에서 호흡을 가다듬는다. 이제 곧 가을은 산의 정수리부터 알록달록 멋 내기 염색을 하느라 바쁘고 들판은 각자 맡은 제 소임을 다 하느라 분주하다. 자박자박 크는 소리가 달콤한 가을배추들이 벌써 제 몸을 말아서 집 짓기에 바쁘고 훌쩍 커버린 무가 허연 배를 내놓고도 골목대장처럼 푸르다. 길 옆 한 무더기 코스모스와 억새들도 바람결에 젖은 몸을 말리느라 열심히 하늘거린다.

소정리 안동네를 막 지나는데 저 멀리 감나무 한 그루가 익숙한 풍경으로 서 있다. 그 많던 이파리들을 어느새 다 비워 내고 붉은 열매를 위해 혼신을 다하는 모습이 눈물겹다. 자연은 이렇게 주어진 환경 탓하지 않고 언제나 말없이 묵묵히 제 할 일을 다 하건만 우리 인간들은 힘들 때는 언제나 남 탓으로 돌린다. 이렇게 아름다운 가을날 나의 열매들은 잘 익어 가는지 새삼 뒤돌아본다.

지난 시간들이 함께 걷자 한다. 묵묵히 들어줄 모양이다. 나름 참 열심히 살았다 자부하는데 뒤돌아보면 해 놓은 것은 없고 부끄러운 후회만 가득하다. 20여 년을 한결같이 사무실과 집과 교회를 오가며 살았다. 때론 삶의 무게가 너무 무겁다고 소리치고 싶었고 때론 그 모든 과정들이 감사하지 않은 때가 없었다며 행복해할 때도 있었다. 나의 신앙은 왜 이렇게 제자리걸음일까? 나의 문학은 왜 이렇게 설익었을까. 나의 자녀들은 조금만 더 힘내면 될 텐데. 이러다가 다시 모래시계를 뒤집는다. 아니지, 여기까지 무탈하게 온 게 얼마나 감사한가. 늘 제자리걸음 같은 나의 신앙이 비춘 지금의 삶도 이만하면 감사하지. 두 아이 건강한 자아를 가지고 제 갈길 바르게 가는 것도 어디 흔한 일인가. 다시 욕심을 버리고 바라보면 한 순간도 눈이 부시지 않은 날이 없었지. 동전의 양면성 같은 이 생각의 마력은 도대체 언제까지 널뛰기할는지…….

언젠가 월화 드라마 '눈이 부시게'라는 드라마에서 들은 대사가 떠오른다.

> 삶은 때론 불행했고 때론 행복했습니다/ 삶이 한낱 꿈에 불과하다지만/ 그럼에도 살아서 좋았습니다/ 새벽의 쨍한 차가운 공기/ 꽃이 피기 전 부는 달큰한 바람/ 해 질 무렵 우러나는 노을의 냄새/ 어느 하루 눈부시지 않은 날이 없었습니다/ 지금 삶이 힘든 당신/ 이 세상에 태어난 이상/ 당신은 이 모든 걸 매일 누릴 자격이 있습니다/ 대단하지 않은 하루가 지나고 / 또

> 별거 아닌 하루가 온다 해도/ 인생은 살 가치가 있습니다/ 후회만 가득한 과거와 불안하기만 한 미래 때문에/지금을 망치지 마세요/ 오늘을 살아가세요/ 눈이 부시게/ 당신은 그럴 자격이 있습니다/ 누군가의 엄마였고 누이였고 딸이었고 그리고 나였을 그대들에게

참 감동적이었다. 아무렇지도 않았던 새벽의 쨍한 공기, 꽃이 피기 전 달콤한 바람, 해 질 무렵 노을의 냄새가 눈이 부셨다고 말하다니. 대단하지 않은 하루가 지나고 또 별거 아닌 하루가 온다 해도 인생은 살 가치가 있다니, 후회만 가득한 과거와 불안하기만 한 미래 같은 것은 생각하지 말고 오늘을 최선을 다해 감사하게 살라는 메시지가 극히 진부하면서도 당연한데 왜 이렇게 가슴을 흔들었는지 기억에 오래 남아있는 대사였다.

인간은 누구나 유한한 존재이기 때문에 미래에 대해 불안함과 때론 헛헛함을 느낄 수밖에 없는 모양이다. 그래서 불안과 공허함을 항상 내면에 간직하고 사는 것이다. 불안하다는 것은 그만큼 결핍이 내재한 내면에 안식이 없어서 그런 것을 우리는 알고 깨달으면서도 후회를 반복하고 살아가니 얼마나 미련한가.

성경의 어느 한 구절에도 범사에 기한이 있고 천하만사가

다 때가 있다고 했다. 날 때가 있고 죽을 때가 있고 심을 때가 있고 심은 것을 뽑을 때가 있다고 한다. 하나님은 이 모든 때를 아름답게 만드셨다고 했다. 매 순간 아름답지 않은 때가 없다는 뜻이니 매 순간 감사하며 살라는 뜻일 게다.

그렇다면 나는 지금 어느 때를 지나고 있을까? 비록 길 가 가로수 벚나무 잎이 수분이 부족한 내 피부처럼 푸석푸석하고 검버섯이 듬성듬성 돋아난 구멍 뚫린 이파리이지만 긍정의 프리즘으로 바라보면 이 또한 아름다운 때가 아닌가 말하고 싶다. 질 때가 되면 아름답게 떠나는 모습도 아름다운 법이거늘 그저 더 가지려고 더 젊어지려고 안간힘을 쓰는 내 모습을 자연 앞에 감추고 싶어진다.

길 옆 초록색 철제 울타리 사이로 새빨간 장미 한 송이가 고개를 내밀고 있다. 오월에 피어야 할 장미가 이 늦가을이 제철처럼 새빨갛게 피었다. 때를 구분하지 말고 최선을 다하는 모습은 충분히 아름다운 때라고 말하는듯하다. 그 옆 한 무리 억새도 맞는 말이라고 고개를 흔들어준다. 바람도 빛바랜 벚나무 한 잎을 공 굴리기하며 따라오면서 거든다. 당신의 삶은 아름답지 않은 때가 없었다고.

어느새 안적사 올라가기 전 입구까지 걸었다. 산책하기 좋게 친환경 코르크 길이 끝나는 지점을 유턴 장소로 정해 놨던 곳이 전환점이다.

　수집한 가을의 문장들을 감사함으로 빼곡히 적으며 되돌아 걷는다.

당근마켓

 단지를 샀다. 당근마켓을 통하여 열 개에 삼만 원을 지불했다. 사무실 뒤뜰 잔디밭 귀퉁이에 나란히 엎어놓으니 왜 이리 행복한지 모르겠다. 아마도 디지털 시대로부터 밀려난 향수가 돌아온 것처럼 푸르스름한 그리움의 냄새 탓일 것이다. 거기다 저렴한 이유도 있지만 크기도 대, 중, 소가 골고루 있어서 정원을 꾸미는데 안성맞춤이라 더 행복한지도 모르겠다.

 얼마 전부터 당근마켓에 단지가 나오면 알려달라고 알림 설정을 해 놓았다. 그래서 단지라는 단어가 나오면 "당근"이라고 맑고 경쾌한 알림 소리가 난다. 당근마켓에 단지는 하루가 멀게 물량이 나오지만 내 마음에 합한 조건이 없어서 그냥 저냥 기다렸다. 아 그런데 기다림의 미학이 빛을 발했는지 엊그제 단지 하나에 3천 원이며 10개를 일괄로 판매한다는 알림이 떴다. 거기다 우리 사무실 근처라서 얼른 거래 제안을 했더니 당장 가져올 수 있어서 근무하다 말고 달려가 그 몽글몽글한 그리움을 한 차나 싣고 왔다.

　당근마켓에 나오는 단지 가격은 천차만별이다. 보통 개당 3천 원에서 5만 원짜리 사이다. 물론 시중에서 새것으로 사면 하나에 몇만 원에서 몇십만 원까지 한다. 하지만 당근마켓은 중고가격이라 가격은 매도인 마음이고 잘만하면 공짜로 나눔도 받을 수 있다. 그러니까 가격은 고무줄인 셈이다. 잘 고르면 엄청 저렴하게 구매할 수 있다. 오늘처럼.

　이제 점점 옛것이 좋아지려 한다. 특히 한옥의 정서에 맞는 정원석물 같은 것은 사실 말 그대로 사용감이 있어도 빈티지한 맛이 더 친근하고 멋스럽다. 거기에는 수묵화처럼 번지는 여백이 있어서 좋다. 그물처럼 얽혀있는 현실을 싹둑 잘라버리고 그 여백에 물들고 싶어질 때가 많다. 이런 게 나이를 먹어간다는 표징인지 모르겠다.

얼마 전 돌확도 네 개나 샀다, 연이어 돌절구와 맷돌, 석등도 당근마켓으로 저렴하게 나왔길래 얼른 데리고 왔다. 사무실 앞뜰과 뒤뜰 잔디밭에 놓았더니 택배 된 듯한 옛 시간이 한지처럼 고요하게 스며들었다. 평소에는 모기나 벌레 때문에 쉬 나가지도 않던 내가 괜히 근무하다 말고 앞뜰과 뒤뜰로 차 한 잔을 들고 거닐어 본다. 돌확에 담긴 물빛 속으로 푸른빛 하늘과 붉은 배롱나무 꽃잎이 들어앉으면 세상 근심 다 저절로 삭제되어버린다. 하나밖에 못 구한 석등을 소나무 밑에 얌전하게 앉혔다. 마치 원래부터 제자리처럼 잘 어울린다. 어느 사대부 집 마당을 비췄던 푸르스름한 고요를 여기다 풀어 놓으려나 희망을 품어본다. 이런 쏠쏠한 맛에 자꾸 옛것을 사 모은다.

요즘엔 남편이 당근마켓에 더 관심을 가지는 듯하다. 정원에 놔둘 만한 물건들을 수시로 구경하며 비교분석을 하여 정원 가꾸기에 열을 올린다. 사람마다 도시 근교 전원주택 같은 사무실을 부러워하기도 하고 또한 은퇴기에 들어서니 자연인이 되고 싶어 한다. 매일 유튜브로 정원 꾸미는 것을 보기도 하고 전원주택 매매 동영상을 보는 것을 즐긴다. 심지어 점점 강도가 높아져 비싼 조각품들을 구입하자고 조르기도 한다.

심리학자 융이 말한 아니마의 태고유형이 서서히 강해지려는지 통 외부 약속은 줄어들고 시도 때도 없이 사무실에 나와 잔디밭에 잡초를 뽑거나 정원에 머무는 일이 잦아졌다. 그야말로 노년기에 여성호르몬이 많아지는 중이다. 반면 일명 아니무스가 강해진다는 갱년기 여성인 나는 그 반대라 함께 묶여 있어야 하니 답답할 노릇이다.

당근마켓이 나온 지 꽤 오래되었지만, 사실 이 나이에 중고 가게나 기웃거릴 나이냐 싶어 쳐다보지도 않았다. 그런데 큰아들 내외가 얼마 전부터 태어날 아기의 출산용품을 죄다 당근마켓에서 구하는 것이 아닌가. 처음엔 첫 생명이 태어나는데 새것으로만 해주고 싶은데 웬 중고냐 싶었다. 하지만 가만히 생각해 보니 육아용품은 비싼 거에 비해 얼마 못 쓰고 아이는 커버리니 아들 내외가 정말 합리적인 생각을 하는구나 싶어 기특하기까지 했다. 이래서 당근마켓을 통하여 서로 필요조건을 충당하는 검소하고 합리적인 소비풍조가 요즘 젊은 세대들의 트렌드라 하니 참 귀하고 예쁘다.

이참에 잘됐다 싶어 사무실 마당에 걸리적거리는 스테인리스 자바라 대문을 며느리한테 당근마켓을 통해서 처리해 달라고 했다. 그랬더니 한 달도 안 돼 맞춤 설정에 딱 맞는 주인이 나타났다. 제작할 때는 삼백만 원 정도 들었지만 일단 중고니까 120만 원에 내놨더니 바로 판매가 되었다. 사실 생각해 보면 서로 이익이다. 우리도 철거 이후 딱히 쓸 데가 없어서 고물처럼 처박아 놓느니 처리해서 좋고, 또 어느 정도 자금도 회수할 수 있어서 더 좋다. 구매자도 주문 제작하려면 400만 원 선이라 삼분의 일도 안 되는 금액으로 구할 수 있어서 횡재라고 기분 좋게 실어 갔다. 어쩌면 당근마켓은 건전한 소비풍조로 전환하는데 기여도가 크다고 말할 수 있다.

당근마켓이라는 뜻은 원래 '당신 근처의 직거래 장터'를 줄여서 이르는 말이란다. 현재 국내 최대의 중고 거래 플랫폼이다. 무려 3200만 명이 가입한 거대한 시장이다. 또한 중고거래 사기가 비대면 택배 거래에서 발생한다는 점에 착안해 만든 대면 직거래 방식이며 반드시 동네 인증을 해야 하는 서비스라 거의 대면 거래다. 그래서 신뢰가 가는 시장이다.
2019년 구글 플레이가 주관한 올해를 빛낸 앱 게임 시상식에서 3관왕을 했을 정도로 인기다. 주 서비스였던 중고 거래에서 '동네'라는 교집합이 충족된 '로컬 커뮤니티'로서의 기능도 추가되어서 이색적이다. 동네 맛집도 쉽게 찾을 수 있고 덤으로 동네 사건 사고도 알 수 있어서 읽을거리, 볼거리가 많아서 한번 보기 시작하면 시간 가는 줄 모르고 보게 된다. 그야말로 없는 것 빼고 다 있는 만물상회다. 누가 발상했는지 정말 기가 막히게 유용한 플랫폼이다. 이렇게 유용한 앱이 오래오래 우리 삶 곁에 건강하게 성장해 주길 기원해 본다.

다시 당근마켓으로 들어가 '석등' '돌맷돌'이라는 단어로 설정 맞춤해 놓았다. 조만간 '당근'이라는 소리로 고기가 낚싯밥에 걸려들 듯 저렴하고 예쁜 석등이 걸려들기를 간절함으로 기다려 봐야지.

내생의 화양연화 花樣年華

　해거름의 긴 그림자를 끌고 퇴근길에 오른다. 태양이 지구로부터 멀어지면서 빛바랜 가로수들을 애잔한 빛으로 물들이고, 바람이 어느새 옷깃을 세우는 가을날 늦은 오후다. 오늘은 유난히 저물녘이 쓸쓸한 퇴근길이다. 가을이라 그런지 까닭 모를 허기가 파고든다.

　회사에서 집 까지는 자동차로 20여분밖에 안 걸린다. 짧은 거리지만 오롯이 혼자만의 고즈넉함에 갇혀서 이 시간만큼은 외로움과 쓸쓸함을 버무린 나만의 감성에 젖기 위해 잠시 일상의 1)플러그를 뽑는다. 때마침 라디오에서 들려오는 김동

---

1) 홍계숙 시집〈파스타치오〉에서 –잠의 플러그를 뽑으면–에서 변용

규의 노래 '10월의 어느 멋진 날에'가 더 감미롭다. 현재 처해 있는 소유의 얽힘만 아니라면 어디론가 무작정 길을 나서고 싶은 계절이다. 또다시 알레르기처럼 돋아나는 가을앓이를 하려나보다.

 청강리 공영 주차장을 지나서 무곡리 시내버스정류장이 보인다. 버스를 기다리는 사람은 여전히 한 명도 없고 희미한 가로등 불빛만 벤치 위에 앉아 버스를 기다리고 있다. 퇴근할 때마다 유독 눈에 들어오는 이곳 정류소엔 버스를 기다리는 손님을 거의 본 적이 없었다. 왜 이 외딴곳에 정류소를 지었을까. 무곡리라는 동네는 큰 도로를 끼고 있지만 버스 도로가 없어서일까. 그래서 멀리 있는 이곳 버스정류장을 설치할 수밖에 없었단 생각이 든다. 그러나 도시근교 시골 동네라 집집마다 자가용이 있어서 더군다나 해질 녘 버스정류소를 이용하는 일은 거의 없다. 그래서 늘 외롭게 서 있어야 하는 이곳 무곡리 버스정류소가 가끔 내 유년의 외로웠던 뜨락으로 곧잘 데려다준다.

 이맘때쯤이면 고향 들판은 먹기 좋게 잘라놓은 노란 시루떡처럼 풍성했고, 뒷밭 붉은 사과들은 햇살과 바람이 불러주는 문장을 온몸에 새겨 넣느라 바쁜척했다. 화장실 옆 감나무는 날마다 한 움큼씩 빠지는 머리카락도 기꺼이 기뻐하며 출산을 기다리는 행복한 산모가 되고, 마당 가득 널어놓은 붉은 고추 위로 수건을 두른 엄마의 그림자가 일렁이는 모습은 벽에 걸어 놓은 액자처럼 흔한 풍경이었다.

한여름, 해거름이 더듬거리며 들판을 내려오기 시작하면 집 앞 냇둑에 낮은 가로수처럼 무리 지어 피기 시작하는 달맞이꽃들은 그제야 야근을 시작한다. 그 샛노란 무리들이 전원을 꽂기 시작하면 저녁은 일제히 환한 등불을 켜고 노란 달맞이 가로수 길을 걸으면 시인이 되기도 하고 철학자가 되기도 했다. 푸릇한 초저녁이 서서히 블라인드를 내리기 시작하면 마당 귀퉁이에 심긴 엄마의 분꽃들도 앞 다투어 피기 시작하고 왜 그렇게 까닭 모를 허기가 밀려오는지 지금도 생각하면 내 안에는 주체 못 할 서정이 들어있었는지도 모르겠다.

겨울엔 성탄카드에나 볼 수 있는 하얀 들판에 교회첨탑 같은 안테나를 높이 꽂은 곳, 온 들판이 흰 눈으로 덮여 있을 때는 참새들만 떼를 지어 놀러 올뿐 사방은 거칠게 내뱉는 바람소리밖에 들리지 않는 곳, 편지봉투에 적힌 주소 말미엔 어김없이 〈외딴집〉이라는 단어가 고유명사처럼 붙은 곳이 우리 집이었다.

내가 태어나고 자란 고향집은 마을과 뚝 떨어져 들판 한가운데에 있는 외딴 과수원집이다. 외딴곳에서 나고 자랐기 때문에 어릴 적 동무들과의 추억은 손꼽을 정도다. 6남매의 막내라 형제들 속에 자랐지만 위로 오빠 언니들이 하나둘씩 학교와 직장이 있는 대구로 떠나가고 바로 위 오빠와 유년시절을 보냈지만 딱히 기억나는 추억은 많이 없다. 대신 혼자서 빈 집을 보거나, 혼자서 소를 먹이러 산으로 가거나, 혼자서 소꼴을 베러 가는 들길이, 기억창고에 오롯이 들앉아있다. 계절마다 피어나는 들꽃이 친구였고 들로 일하러 간 식구들 대신에 혼자서 지킨 빈 집이 친구였고 내가 학교에 다녀오기만을 기다렸던 우리 집 암소가 친구였다. 그래서 내 삶에는 외딴집에 살았던 외로움이 절반을 차지한다.

그러다가 상급학교 가기 위해 시작한 도시의 삶부터 회색빛 콘크리트의 냉기에 점점 익숙해져 갔다. 틀에 박힌 사회생활과 발 빠른 현실의 경쟁에서 뒤처지지 않으려고 앞만 보고 산 세월이 벌써 수십 년이 됐다. 그렇게 앞만 보며 뛰어도 가끔은 발을 접질려 절뚝거릴 때가 많아서 인생은 모래시계 같다고 생각했다. 이제 다 채웠다 싶으면 어느새 다 빠져버리기를 하다가 이제는 어느 정도 안정 길로 접어들었다.

거실에 앉아서 리모컨 하나로 보고 싶은 영화를 언제든 볼 수 있고 젖은 빨래가 버튼 하나로 쿠키처럼 바삭하게 구워져 나오는 집에서 살지만 가슴 한쪽엔 자꾸 근원을 알 수 없는 허기가 찾아온다. 초침에 업혀 정신없이 달려가다 가끔은 아날로그가 살고 있는 옛 시간으로 뛰어내려 다시 그 푸릇한 저녁 고요 속에서 한 사나흘씩 머물다 가고 싶어진다. 이것이 나이 듦의 표징이라 어쩔 수 없는 노릇인가 보다.

대단하지 않은 하루하루였고 별 거 아닌 평범한 삶이었지만 지나고 보니 내 유년의 삶이 내겐 화양연화花樣年華였고 내 글의 씨앗이었다. 돈만 있으면 무엇이든지 할 수 있는 편리한 세상이지만 내 영혼의 저 밑바닥엔 해 어스름이 내려앉기 시작하면 내 어머니의 꽃밭에 핀 분꽃 저녁이 그립고 따뜻해진다.

하여 시도 때도 없이 달려드는 이 허기를 달래려고 자연이 빚어놓은 사계절이 눈부실 때마다 그 누구도 캐내지 못한 신선하고 따뜻한 언어로 천지창조의 주인이신 그분을 찬양하고 싶었다. 그의 가르침 따라 가난하고 지친 영혼을 위로하는 글도 쓰고 싶었다. 지금까지 집안일과 직장을 겸한 바쁜 생활이었지만 어쩌다 따뜻하고 신선한 글들을 만나면 온몸이 전율해 옴을 느낀다. 하여 글을 쓴다고 나선 지 10여 년이 되어가지만 여전히 부끄럽고 여전히 부족하고 여전히 유치한 일기 수준이다.

하지만 꿈꾸어 본다. 〈랄프 왈도 에머슨〉이 말한 성공이란 시에서처럼 자신이 이 세상에서 살았으므로 단 한 사람의 삶이라도 더 풍요로워지는 것이 진정한 성공이라고 말했다. 나의 글이 비록 어설플지라도 단 한 명이라도 나의 글을 통해 따뜻한 위로를 받을 수 있다면 그것만으로도 감사할 따름이다.

등산

"출발 5분 전"

이 소리만 들으면 가슴이 쿵쾅거린다. 100M 달리기의 출발선에서 숨 가쁜 호흡을 가다듬고 있는 선수처럼 나는 긴장감에 허둥거린다. 마치 스타터의 긴박감이 흐르는 출발 신호음처럼 들리기 때문이다. 이 소리는 토요일 아침마다 남편이 등산복을 입고 현관에 서서 나에게 독촉하는 소리다.

토요일이면 남편이랑 산을 즐겨 오른다. 부득이한 일 말고는 모든 일을 뒤로 미루고 산에 오르고 싶다. 일주일에 겨우 토요일만이 내게 자유로운 날인데도 그 달콤한 쉼을 뒤로하고 산에 오른다는 것은 분명 중독이 되어버린 탓도 있다. 생각해 보면 아름다운 중독이다. 처음 한 두 번은 다리 근육이 뭉쳐서 계단을 제대로 오르내리지도 못하겠더니 서서히 단련되어 이젠 웬만한 산행도 두렵지 않게 되었다

 산은 우리에게 너무 많은걸 준다. 맑은 공기와 상큼한 바람, 청아한 새소리와 가슴까지 시원한 계곡물소리, 특히 나뭇잎을 비비며 서걱거리는 바람소리는 세상소음을 다 씻어 내리는 개운함을 준다. 내 안에 먼지 하나 없이 다 게워내고 나면 오롯이 남아있는 나 자신과 마주 할 수 있어서 좋다. 아나로그 사고방식인 내가 디지털시대랑 살아가려니 내 안이 늘 번잡해서 싫었다. 그래서 여건만 허락되면 맑은 고요로 내 속뜰을 정화시키고 싶어 산을 즐겨 찾는지도 모르겠다.

 산은 평지만 있는 것이 아니다. 산은 정상까지 평지와 오르막, 내리막의 순환을 거쳐서 그 산의 정상에 다다른다. 정상까지는 많은 에너지를 필요로 한다. 어떤 산은 경사가 너무 져서 초입에서부터 포기하고 싶을 때가 있다. 하지만 몇 고비의 굴곡을 거쳐 정상에 올랐을 때의 그 기쁨은 마치 그 산을 다 품은 것처럼 풍족해진다. 이 맛에 등산을 한다.

내 인생에서도 등산의 그 힘든 오르막길이 있었다. 짧았지만 죽을힘을 다해 오르막길을 올랐다가 지금은 내리막길을 거쳐 평지를 걷고 있는 중이다. 남편이랑 전기공사업을 한 지 9년이 다 되어간다. 사업은 늘 그렇게 여름날 소낙비처럼 변덕스럽다고 사람들은 말하지만 지금까지는 크게 실감을 느끼지 못할 정도로 그저 그렇게 평온하게 지내 왔었다. 그러다가 지난해엔 정말 된서리가 덮쳤다. 전반적으로 건설경기가 좋지 않아서 많은 공사를 수주하지는 못하고 그나마 조금 큰 공사건을 하고 있었는데 대기업에서 발주받은 중간업체가 그만 주저앉고 말았다.

　그 회사가 부도낸 금액은 무려 수 백억이 넘었다. 중간업체에서 발주받은 우리 회사도 엄청난 금액이 걸렸다. 당장 공사가 중지되고 현장에 있는 자재들을 밤새도록 우리 창고로 운반해 놓는 등, 급하게 대응해놓고 나니 몸은 물먹은 솜처럼 무거웠고 가슴은 바윗돌을 짓눌러 놓은 것처럼 답답했다. 거기다 자재대금 업체들의 발 빠른 독촉전화가 빗발치듯 달려들어 날카로운 발톱으로 가슴을 마구 쥐어뜯었다. 당장 받아 놓은 어음 수억 원이 물거품이 되었다. 은행에서 어음으로 할인받은 금액도 당장 막지 않으면 큰일이었다. 최대한 마련할 수 있는 자금으로 대충 막아놓고 나니 앞으로 닥칠 힘듦과 싸워서 견뎌내야 할 일들이 막막했다. 거기다 건설경기가 바닥을 헤매고 있어서 직원들은 당장 계약한 공사건도 없어 쉴 수밖에 없었다. 그때부터 정말 되는 일이 하나도 없었다. 마치 머피의 법칙이라도 되듯 다른 공사건도 회수 불능상태였고 다 따 놓은 계약 건도 취소가 되는 것까지 절망은 벼랑 끝으로 내 몰았다.

평소에 하나님의 자녀로서 살았다지만 이 참담한 현실 앞에서는 겨자씨만 한 믿음도 힘없이 고꾸라지고 말았다. 순식간에 구겨진 종이 같은 내 반생의 삶이 풋대 없이 파도에 휩쓸리고 있을 뿐이었다. 나는 바다 한가운데서 길을 잃었다. 절망에 가려 앞이 보이지 않았다. 아침에 눈을 뜨기가 겁난다는 말이 이런 말이구나 싶었다. 이러다가 절망으로 인해 죽을 수도 있겠다 싶으니 정신이 번쩍 들었다.

그래. 하나님께서는 고난 뒤에 숨어있는 축복을 바라보라고 하지 않는가. 시편에서도 말했듯이 우리에게 여러 가지 고난을 겪게 하신 주께서 우리를 다시 살리시며 땅 깊은 곳에서 다시 이끌어 올리신다고 했다. 신은 사람들이 일어서는 법을 가르치기 위해 무너뜨린다고도 하지 않았는가. 반드시 무슨 일이든 끝이 있을 것이다. 심지어 주식의 그래프도 바닥을 치면 반드시 오르지 않는가. 새벽 이른 미명이 가장 어둡다고 했다, 이렇게 온갖 긍정적인 의미로 나를 칭칭 감았다. 오직 하나님만을 붙잡고 매달렸다.

  하지만 현실은 시시각각으로 모양을 바꿔 우리를 시험했다. 하루는 긍정의 믿음으로 일어서게 했다가 하루는 절망의 소식으로 고꾸라뜨리기를 수개월, 마치 운동선수처럼 맹훈련을 시키다가 드디어 서서히 실 날 같은 빛을 보여주었다, 처음 공사를 발주한 대기업에서 온갖 거미줄처럼 얽혀 있는 과정을 싹둑 자르기라도 하듯 잘라 버리고 어마어마한 큰 손실을 안고 남은 공사를 재개한다는 통보를 받았다. 정말 누가 봐도 기적 같은 일이었다. 일일이 설명할 수 없지만 법적인 문제와 같은 복잡한 문제가 얽혀 있어서 인간적인 생각으로는 이렇게 단 시간에 해결될 수가 없었다. 절망으로 눈을 가렸을 때에는 그 어디에도 보이지 않았던 하나님께서 나와 함께 울었고 나와 함께 억울함에 울부짖었고 나와 함께 슬퍼하셨던 것이다.

  우리의 하나님께서는 거기 그 자리에 계셨던 것이다. 믿음이 형편없는 어리석은 내 눈에서는 잠시 보이지 않았을 뿐이다. 지금은 전부 다는 해결 못했지만 쓰러질 뻔했던 위기에서는 벗어났다. 앞으로 분명 더 튼튼하게 하실 것이라는 걸 믿는다.

　산 정상까지 힘들게 올랐다가 이제는 서서히 땀을 닦으며 내려가는 중이다. 곧 평지로 걸어서 편안하게 산을 내려갈 것이다. 지나고 나니 이 고난의 길이 얼마나 귀한 깨달음을 얻게 했는지 감사하다. 예전에 미처 몰랐던 소소한 일상들이 얼마나 소중하고 감사한 행복이었는지 모른다. 지난 몇 달 동안은 백화점 매장에서 여유 있게 쇼핑하는 여인들만 봐도 백조처럼 우아해 보였고, 창 밖에 흐르는 햇살 한 줄기도 내 것이 없었다. 마치 대문 밖에 세워진 아이처럼 아무것도 가지지 못한 무력함에 주눅 들어있었다. 지금 생각해 보면 아무 일도 일어나지 않아 무미건조했다고 생각했던 지난 삶들이 얼마나 소중하고 귀중했는지 이제야 깨닫는다.

　인생은 산이다. 인생에는 항상 넘어야 할 산이 존재한다. 넘어야 할 산만 보고 미리 겁먹지 말고 오르막이 있으면 반드시 내리막도 있고 평지도 있다는 것을 기억해야 한다. 어차피 평지만 걷는 인생이 아니라면 어디를 걷든 즐겁게 감사하게 걸을 일이다. 뒤돌아보니 죽을 것 같았던 이 고난도 역시 지나가더라는 것을 배운다.

  이번 토요일에도 특별한 일이 없으면 산에 오를 것이다. 앙상한 가로수는 야윌 대로 야위어 가지만 분명 그 속에서는 다시 올 봄을 위해 힘찬 수액을 펌프질 할 것이다. 나 또한 봄다운 봄을 맞이하기 위해서라도 주어진 삶에 최선을 다해 준비해야겠다.

열매

 엄마는 그렇게 병원 대기실 모퉁이에서 어둠처럼 동그랗게 몸을 말고 앉아 계셨다. 풀물이 배인 연한 회색빛 포플린 블라우스 속에 드러난 갑상선 결절이 그날따라 왜 그렇게 커 보이는지, 손등에 올라와 있는 푸른 강줄기 같은 혈관은 또 얼마나 굵게 불거져 보이는지, 밭에서 잡초를 뽑다 바로 오신 듯 손톱 밑에 박혀 있는 검은흙은 왜 그렇게 또 내 가슴을 아프게 훑고 지나가는지……

 가을의 문턱을 건너온 지 한참 지났는데 아직도 한여름의 날씨같이 후덥지근하다. 아침부터 시골에 계시는 엄마가 두어 시간 만에 부산에 있는 한의원에 진료차 큰오빠와 함께 내려오셨다. 얼마나 이른 아침에 출발했는지 병원 문도 열기 전에 도착했다는 소식에 허겁지겁 병원으로 뛰어갔다. 집에서 입던 검은색 고무줄 치마에 풀물이 여기저기 묻은 회색 블라우스를 입은 엄마의 모습에 서러움인지 속상함인지 모르는 그 무언가가 목구멍까지 차올랐다. 적어도 병원에 모시고 오려면 옷을 제대로 입혀서 모시고 올 것이지 라는 마음에 원망스러운 눈으로 오빠를 바라봤더니 내 속을 금방 알아차린 오빠는 도저히 엄마를 감당하지 못했다고 하소연을 했다.

　자식들이 사드린 새 옷들은 다 어디다 감춰 두셨는지 흔적도 없고 풀물 배인 회색블라우스만 고집하시길래 대충 입혀서 모시고 왔단다. 평소 알고 지내는 원장님에게 도저히 엄마의 남루한 모습을 보이기가 싫었다. 아니 더 정확히 말하자면 내 체면이 말이 아닐 것 같아서 속이 상했다. 나는 누가 볼세라 얼른 회색빛 블라우스를 벗기고 내 가방에서 여벌로 넣어놓은 티셔츠와 까만색 여름 망사 카디건을 꺼내어 입히고 목이 다 늘어진 누런 양말을 벗겨서 연둣빛 새 양말로 갈아 신겨 봐도 후줄근한 엄마의 모습은 조금도 감춰지지 않았다. 진료실에서 엄마를 부르기 전까지 그래도 엄마를 다듬어야 내 안에 가득 찬 속상함이 풀릴 것 같아서 손톱깎이를 꺼내어 뭉툭하고 갈라진 손톱 밑에 박혀있는 검은흙을 없애느라 허둥대고 있는데 내 등 뒤에서 한 할머니의 목소리가 잠시 내 마음을 가라앉혔다.

"시골에 사시면 다 그렇지. 엄마와 막내딸 같은데. 엄마를 위하는 마음이 너무 예뻐서 한참 바라봤네."

그때 진료실에서 엄마 이름을 불렀다.

원장님은 여러 가지 방법으로 진단하신 뒤 무거운 마음으로 진단을 내렸다. 엄마의 몸은 가뭄에 타 들어가 쩍쩍 갈라진 논바닥이란다. 물 한 방울 짜 낼 수 없을 정도로 영양이 없는 건조한 상태라는 말을 듣는데 그만 가슴이 꽉 막히듯 먹먹했다. 얼마나 제대로 된 식사를 못하셨으면 영양실조에 이르렀을까 싶어 자식으로서 부끄러움에 얼굴을 들지 못했다. 원장님은 다시 영양을 주면 회복할 수 있다면서 너무 자책하지 말라며 위로를 해주셨다. 위로의 말에 희망을 안고 진료실을 나왔다.

엄마의 연세도 85세가 되었다.
내가 다섯 살 때부터 과수원 농사를 짓기 위해 지금 살고 있는 외딴집으로 이사를 왔다. 양지나실과 음지나실 사이 들판 한가운데 있는 외로운 과수원집 한 채와 멀찌감치 떨어져 있는 또 다른 과수원집 두 채가 전부다. 그래서 농한기에는 사람 그림자조차 볼 수 없을 때가 더 많았다. 오직 일 밖에 모르는 엄마는 6남매를 키워서 뿔뿔이 제 갈 길로 다 보내고 이제 곧 아흔이 다 되신 아버지의 뒷바라지를 하며 농사를 짓다가 치매에 걸린 지 1년째다. 안동 권 씨의 봉건주의를 신줏단지 모시듯 하는 아버지의 성격을 다 받아주며 살아야 하는 삶 속에서도 엄마의 영혼은 가지와 잎과 열매를 다 내어주고도 뿌리마저 내어주려는 한 그루의 나무그루터기와 같다.

초록강으로 되돌아가는 길을 멈추지 않는 은빛연어처럼 엄마는 요즘 자주 보따리를 싸신다. 가끔 옷가지를 싸서 방 귀퉁이에 감춰 두기도 하고 자식처럼 키운 참깨와 고춧가루도 봉지봉지 싸서 자주 시집오기 전 외갓집으로 가자고 아이처럼 보채신다. 그럴 때마다 지하세계로 인도한다는 그리스 신 헤르메스를 따라가는 엄마를 상상하면서 바람 앞에 밀초 같은 노인들의 건강이 불쑥불쑥 불안감이 커진다. 언젠가는 누구나 다 이 운명의 강을 건널 수밖에 없겠지만 엄마의 자리가 없어진다는 상상을 하면 수시로 눈앞이 흐려진다.

 당분간만이라도 딸의 집에서 머물다 몸을 추슬러 가시라고 애원해도 엄마의 발걸음은 서둘러 시골집으로 향했다. 겨우 걸음을 떼시는 몸으로도 붉게 익은 고추를 따야 하고 참깨도 제 때에 털어야 하고 아버지의 식사도 챙겨 줘야 한다면서 기어코 가신 것이다. 정작 자신의 몸조차 부실하여 똑바로 걷지 못하시면서 아직도 할 일이 무에 그리 많은지 미련스러우리만치 희생하시는 걸 보면 속상하고 화가 나고 이해도 안 되지만 엄마의 자리는 그 자리에 계실 때에만 마음 편하실 거라는 생각이 서서히 나이가 들고부터 조금씩 와닿는다. 나도 그렇게 닮아가고 있으니까.
 이제 남은 삶이 그리 많지 않다고 생각하며 자주 뵙고 자주 전화안부를 드려야지 해놓고도 금방 바쁜 하루를 보내다 보면 잊어버릴 때도 많지만 일부러 피할 때도 많다. 전화를 드리면 항상 내 마음에 아픈 부모님 걱정만 쌓여서 애써 피하고 싶은 이기심일지도 모른다. 하지만 내 안 저 깊은 곳에서는 감추려 해도 감출 수 없는 엄마에 대한 마음은 애잔하다 못해 시리다는 걸 나는 안다.

가을빛이 점점 짙어져 간다.
들판의 모든 열매들은 변함없이 따가운 가을햇살에 제 몸을 비틀어 가면서까지 말라가며 영글어 가고 있는데 왜 자식이란 열매는 좀처럼 영글지 못하고 아직 풋내만 나는 것일까.

동거

집들이 선물로 스킨답서스 화분을 받았다. 시간이 지나자 서서히 잎이 마르고 시들해진다. 화려하고 건강한 시절이 영원하지 않은 것이 어디 화초뿐이랴. 그러기에 미리미리 관리를 했어야 했는데 시기를 놓치고 나서야 뒤늦은 후회만 가득하다. 일단 베란다 수돗가에 관심병으로 밀쳐두었다.

어느 날 지인의 딸 결혼식장에 서 있는 삼단화환에 꽂혀 있는 국화가 눈에 들어왔다. 어차피 쓰레기로 처분 될 텐데 싶어 몇 송이를 빼왔다. 최소한의 잎사귀만 놔둔 채 스킨답서스 옆자리에 슬쩍 심어두었다. 원래 국화는 꺾꽂이를 해도 잘 살아난다.

　서로 다른 두 화초의 동거가 시작됐다. 그날부터 목마르지 않게 물도 주고 식물 영양제를 사다가 링거도 맞혀주며 관심을 주기 시작했다. 요소비료 잔뜩 먹은 고추모종처럼 땅바닥에 코만 쳐 박던 국화 줄기에 반해 잎사귀마다 검은깨 박히듯 시들어가던 스킨답서스가 날마다 말끔해져 가기 시작했다. 그러다가 지성이면 감천이듯 국화도 어느새 허리를 꼿꼿하게 세우더니 뿌리를 내리기 시작했다. 몇 번이나 버리고 싶은 유혹을 떨치고 달래고 어르고 견딤의 골짜기를 지났더니 삶은 견딤이라고 가르쳐 주기라도 하듯 어느새 스킨답서스도 국화 줄기도 드디어 한 집에서 뿌리를 내리기 시작했다.

　얼마 전 재혼한 친구에게 삶은 견딤의 연속이라고 안부를 넣어주어야겠다.

제 2 부

지금은 패키지여행 중
(자다르 항구에서)

오후 세시 반은 자유를 외치며 삼삼오오 흩어진다
궁금증이 가게마다 기웃거려 보지만
포기가 재빠르게 달려들어 낯선 언어의 벽을 핑계 삼아
한 걸음도 가이드 눈을 벗어나지 못하게 막는다

거름망을 비껴 흐른 햇살은
사이프러스 나무 우듬지에 매달려
관광객들의 눈동자를 현혹시키고

파도가 들려준 파이프 오르간 연주는
자다르 로마 광장에 앉아 잠시 에스프레소를 마신다
소살거리며 불어오는 바람결에
경쾌한 발걸음들은 커피잔으로 들어가고

눈부신 윤슬로 치장한 자다르 항구는
순식간에 일행을 떠밀어버리고
패키지여행은 반들거리는 대리석 보도블록 위에다
추억을 베껴 놓은 후 다음 코스로 떠밀려간다

자다르:크로아티아 남서부 아드리아해 연안

겨울을 읽는 중

 토요일 아침, 쉬는 날이라 집에서 가까운 겨울산에 올랐다. 아침햇살은 버티컬 사이를 비추듯 나무 사이로 일정한 막대 모양의 그림자를 만든다. 텅 빈 겨울 숲은 죽은 듯이 고요하다. 아무것도 걸치지 않은 빈 겨울 숲이 이렇게 아름다울 수가 있다니 새삼스럽다. 황량하고 을씨년스럽다고만 한 생각에 새로운 생각을 덧입힌다. 이제야 훌훌 다 벗어버리고 오롯이 자기만의 존재가 부각되는 계절이다. 자식들이 각각 제 갈 길 떠나고 부부만 남은 텅 빈 집처럼 어쩌면 책임을 다 한 것 같이 홀가분한 마음까지 드는 건 뭘까.

하늘은 푸른 유리잔처럼 쨍해서 떨어뜨리면 산산조각이 날 듯 투명하다. 차가운 1월의 날씨지만 햇살은 고맙게도 나무의 실핏줄 같은 잔가지에도 소복소복 내려앉았다. 역광에 비친 갈참나무와 산벚나무의 실루엣이 아름다운 여성의 나신을 감상하듯 설레기까지 하는 것은 이 겨울만이 주는 묘미다.

눈치 빠른 한 무리 새떼들은 겨울 숲을 빠르게 휘돌아 스캔한다. 아마도 누구에게 급한 메일이라도 보내주려나 보다. 숲에게는 미안하지만, 낙엽 밟는 소리가 바스락거리며 감자칩을 먹는 소리처럼 경쾌하고 맛있다. 일부러 더 바스락거리며 밟는다. 그 소리가 너무 컸는지 잠자고 있던 나무 우듬지에 새 한 마리 푸드덕 하늘 높이 솟았다가 멀리 날아간다. 이때다 싶은 또 한 무리 새들이 몰려와 리듬에 맞춰 째잭째잭 지저귀면 "쿵"하고 심벌즈로 클라이맥스를 주듯 까마귀가 뒤이어 "까악 까악"으로 리듬을 맞추면 숲의 왈츠 한 단락이 끝이 난다. 숲 속이 너무 고요해 객들이 한바탕 위로회를 열었나 싶게 고요하던 겨울 숲이 한순간 출렁거린다.

실은 겨울 숲이 동안거에 들어간 것 같이 겉으로는 평화로워 보이지만 안으로는 온 힘을 다하여 오롯이 견뎌내는 듯 보인다. 아마도 최소한의 수액으로 고난의 눈물겨운 수행을 하고 있는 중일 것이다. 뿌리가 수분을 흡수하는 힘이 약해지는 겨울철에 나무는 증산작용을 하는 잎을 떨궈 수분조절을 한다. 나뭇잎과 가지 사이에 떨켜층을 만들어 수분의 공급을 차단함으로써 잎을 떨어뜨리는 생존전략을 하는 것이다. 봄다운 봄을 맞기 위해서는 잎도 열매도 모든 것을 과감하게 내려놓아야 살 수 있다. 어쩌면 몰인정하리만치 내려놓아야 살 수 있다니 새삼 나무의 의지가 위대해 보이고 지혜로워 보인다.

  지금 현재를 살고 있는 지구상의 우리들도 한 겨울의 복판에 서서 눈물겨운 수행을 하고 있는지도 모른다. 코로나19라는 바이러스로 인해 계절을 잃어버린 지 벌써 2년이 지났다. 처음엔 메르스처럼 얼마 안 가 잡히겠지 했지만 갈수록 긴 터널로 들어가듯 막막하다. 그나마 빠른 시일 안에 백신이 만들어져 희망이 보이는 것 같더니 어느새 꼬리를 자르고 카멜레온처럼 몸의 색깔을 수시로 바꿔가며 우리를 조롱하듯 다가온다. 백신으로 인해 사망한 숫자가 우리나라만 해도 벌써 1,500명이 넘었다고 한다. 물론 백신과의 개연성이 드물다고 하지만 어쨌든 백신 접종 후 사망했다고 주장한 숫자다. 방역패스 도입 후 백신 무용론을 넘어 백신이 코로나19 감염보다 더 위험하다는 일부 주장도 나오지만 전문가들은 백신을 안 맞으면 훨씬 위험도가 높다고도 하니 어느 것을 믿어야 할지 온통 개운하지 않은 두려움이 가득하다.

그러던 차에 얼마 전부터 오미크론이라는 새 변이가 나타났다. 델타변이보다 감염력이 2-4배가 강하다는 것이 국내에서도 확산 중이다. 이대로 간다면 하루 평균 2만 명에서 8만 명까지 나올 수 있다는 전문가들의 분석이 사실화된다면 생각만 해도 아찔하다. 정부에서는 이제 부스타샷이라고 3차를 맞으라고 한지가 벌써 몇 달이 지났다. 이스라엘은 4차를 시작한다는 뉴스가 심심찮게 나오고 있다. 한편으로는 '위드코로나' 라 하여 독감처럼 해마다 백신을 맞으며 함께 살아야 한다는 말도 있다. 언제쯤 봄다운 봄을 맞이할는지 아무도 장담 못하는 시대에 우리는 살고 있다.

코로나 바이러스의 그 끝은 어디쯤일까. 정말 이제는 마스크가 지겹고 거리 두기가 지치고 무뎌진다. 팔다리가 잘려 장애가 된 자유는 우울모드로 변해 급기야는 병이 될까 두렵기까지 하다.

한 가지, 그래도 위안이 되는 것은 변이에 변이를 거듭하다 보면 바이러스 자체의 생존력이 떨어지는 경우가 많아서 그냥 자기 스스로 더 이상 증식 못하고 끝나는 경우가 많다는 전문가들의 이야기가 있어 그나마 다행이다만 여전히 두려움과 불안은 씻겨나가지 않으니 그저 답답할 노릇이다.

하지만 이제 다시 긍정의 프리즘을 갖다 대야 한다. 겨울은 끝이 아니고 봄을 맞으며 순환하듯 계절은 반드시 이어진다는 것을 알아야 한다. 이 혹한의 겨울에도 반드시 봄은 숨어 있겠지. 시작이 있었으니 끝도 있으리라. 전문가의 말처럼 변이가 계속 나타나다 보면 생존력이 떨어져서 위협할 힘이 없다면 끝은 반드시 있을 거라고 믿고 싶다. 언젠가 그 끝에서 이것도 추억이라고 즐겁게 옛말 할 때도 있겠지.

식물이 겨울을 나기 위해 떨켜층이 있다고 했다. 가지와 잎을 이어주는 잎자루에는 떨켜층이라는 칸막이가 생긴다. 잎으로 수분이 공급되지 않게 관다발을 막는 것이다. 추운 겨울이 되면 물이 든 나뭇잎은 꽁꽁 얼어 죽고 만다. 그전에 나무는 잎을 말려서 땅에 떨어뜨리는 방법을 선택한 것이다. 그리하여 맨 몸으로 긴 겨울을 견뎌내는 것이다.

끝없이 밀려오는 현실의 불안을 이겨내려면 우리들만의 떨켜층을 만들어 끊임없이 달려드는 현실의 두려움과 불안, 불신으로 가는 수로를 차단시켜 부정적인 생각들을 과감하게 떨쳐 버려야 한다. 한 마음으로 방역에 힘을 모으고 지혜를 모은다면 혹독한 이 겨울을 무난히 견뎌 봄다운 봄을 맞이할 수 있으리라.

 훗날 읽다 만 겨울의 한 페이지에 오늘을 메모해 둔 책갈피를 읽게 된다면 아마도 이렇게 말하겠지
 "그렇게 끝이 보이지 않을 듯한 긴 겨울 뒤에도 봄은 오고 있었네."

불광불급 不狂不及

 아주 오래전 그날도 그랬다. 금요일 교회 철야예배를 마치고 밤 11시 30분에 느닷없이 남편은 사진 출사를 같이 가자며 제안을 했다. 교회 지인 두 분과 함께 간다며 급히 카메라와 주변기기들을 주섬주섬 챙기기 시작했다. 목적물은 우포늪 새벽안개였다.

 그러지 않아도 여름이면 개구리밥으로 뒤덮인 우포늪의 초록 융단을 보고 싶었다. 안개가 휘감고 있는 그 황홀한 장관을 이른 새벽에 꼭 한 번 만나러 가자고 별렀던 생각이 순식간에 내 안으로 들어왔다. 그땐 토요일도 아이들이 학교에 가는 날이었다. 아침밥을 먹여 학교에 보내야 하는 엄마 직분의 뿌리까지 흔들 정도로 그 유혹의 손길은 깊었다. 무엇에 홀린 듯 나도 주섬주섬 입을 것과 먹을 것을 챙겨 집을 나서고 말았다. 아이들 등교 문제가 걱정이었지만 우리 부부는 이미 루비콘 강을 건너고 말았다.

사진을 사랑하는 네 사람이 한 대의 자동차로 움직였다. 목적지를 향해 얼마를 달려갔을까 갑자기 새로운 의견이 나왔다. 원래 우포늪을 가자고 했지만 목적지는 삽시간에 바뀌어 지리산 달궁 계곡에 있는 운봉산 바래봉을 가자는 것이었다. 마침 5월이라 철쭉과 새벽 운무가 장관이라는 누군가의 말에 우린 무언으로 그만 동의해 버렸다. 우포늪의 새벽안개를 보지 못해 아쉬웠지만 어쩔 수 없었다. 거리는 좀 더 멀어 밤 12시 반에 출발하여 새벽 네 시에 도착할 예정이었다. 긴 시간이었지만 마음 맞는 사람들과 길을 나선다는 것, 새로운 곳으로 떠난다는 것은 목적지가 어디든 설레기 마련이다. 세 시간 반이라는 긴 시간을 달려 도착한 곳은 바래봉 주차장이었다

새벽 네 시, 바래봉 주차장의 칠흑 같은 어둠이 우리를 반겨주었다. 플래시를 켜서 우선 이리저리 주차장 주위를 훑어보았다. 거기도 우리처럼 사진 애호가 사람들인지 몇 대의

관광버스가 도착해 있었고 사람들의 웅성거림이 고요한 적막을 건드리고 있었다. 갑자기 어느 해 청송 주산지 주차장의 새벽 풍경과 너무 흡사해서 그날의 불가사의한 기억이 또 떠올랐다.

그날도 새벽 두 시에 도착한 청송의 한적한 시골 산속 호수 주변은 그야말로 인간으로 만든 띠가 끝없이 이어졌다. 새벽 미명의 호숫가에 발을 담그고 있는 미루나무를 휘감고 있는 운무와 그 신비를 사진에 담으려고 전국 곳곳에서 온 사진 애호가들은 마치 한밤중 적군들을 소탕하기 위해 매복한 군인들 같았다. 긴 총자루 같은 삼각대를 흔들리지 않게 호숫가 둑에다 고정하고 새벽이 오기만을 숨죽여 기다리고 있었다. 드디어 희뿌연 여명이 밝아오자 큰 호숫가를 빼곡히 매복해 있던 사진 애호가들의 윤곽은 그야말로 인간 띠로 만든 호숫가 같아서 그 모습은 장관이었다. 이건 분명 불가사의한 일이라는 생각뿐이었다. 하지만 그 기분 어디에 비할 수 있으랴, 자연의 신비한 모습을 그 작은 뷰파인더에 담아내는 그 짜릿함을 누가 알겠는가.

다시 옛 생각을 떨쳐버리고 나와 동행들은 플래시를 들고 바래봉을 향해 등반을 하기 시작했다. 암흑천지라 진입로를 찾지 못해 한참을 헤매다 겨우 가르마 같은 하얀 길을 찾아 올랐다. 잠들었던 초목들을 깨울까 봐 조심해서 오르는데도 자연들의 뒤척이는 미세한 소리가 들렸다. 한두 시간을 그렇게 올라가다 보니 어느새 희뿌연 미명이 부채를 펼치듯 펼쳐졌다. 군데군데 하얀 찔레꽃 무덤과 조팝나무 사이를 맨발로 아침 햇살을 튕기며 가지마다 통통거리는 참새들의 새벽이슬 터는 소리들이 듣기만 해도 상큼했다.

드디어 최대의 철쭉 군락지 바래봉 정상에 올랐다. 마치 산에 불이 난 것 같았다. 도대체 이 산에 불을 지른 방화범은 누구일까. 산 하나가 불길에 휩싸였다. 활활 타오른 불길에 숨쉬기가 버거워 입을 다물 수가 없었다. 바래봉은 새벽 운무가 유명하고 철쭉으로 뒤덮여 있어서 원래 유명한 산이지만 그 명성답게 대단했다. 반대편 산은 마치 방금 그린 수채화처럼 경계가 모호한 알록달록한 물빛이 번져 아련하게 가슴을 지져대고 있었다. 그래서 이 맘 때면 관광객이 많을 뿐 아니라 사진 동호회에서도 많이 찾는 산이구나 싶었다.

연신 셔터를 눌렀다. 어떻게 이 아름다운 장면을 잘라서 구기지 않고 잘 담아 갈 수 있을까 싶어 작은 뷰 파인더를 세웠다 뉘었다 정신없이 찍었다. 하지만 그 감동을 그대로 담기엔 기계는 턱없이 부족했다. 사이사이 오월의 초록 넝쿨들이 마치 주렴을 쳐 놓은 듯 붉은 철쭉과 조화를 이루니 더 환상이었다. 주물럭주물럭 만든 것 같아도 빈틈없이 조화를 이루는 자연의 신비가 참으로 신묘막측했다.

정신없이 셔터를 눌러대고 지친 몰골로 하산할 때는 골짜기마다 아침햇살에 떠밀리다 만 운무가 아직도 푸른 골을 메우고 있었다. 개선장군이 된 듯 가슴 가득 뜨거운 감동이 밀려왔다.

산을 내려와 근처 콩나물 해장국으로 아침을 먹고 잠시 눈도 붙이지 못한 채 섬진강을 따라 다시 부산을 향해 출발했다. 서너 시간을 달리다 소설 〈토지〉의 무대인 평사리 들판을 돌아 섬진강 재첩국과 참게탕으로 점심을 먹고 다시 부산으로 달리기 시작했다.

아, 그런데 누가 인간만사 새옹지마라 했던가. 기쁨도 잠시였다. 한숨도 자지 못한 네 사람이 번갈아가면서 운전을 했는데 그만 생과 사의 갈림길까지 가는 사고가 나고 말았다. 어디쯤 달리고 있었을까. 갑자기 급브레이크를 밟은 굉음이 심장을 찢었다. 일행은 단잠에서 혼비백산하여 깨어났다. 눈 깜짝하는 사이에 일어난 일이라 정신을 차릴 여유도 없었다. 운전하는 분이 밀려오는 졸음을 참지 못하고 중앙선을 넘어 반대 차선을 침범했다가 다시 주행선 가드라인을 받고 급히 브레이크를 밟은 것이었다. 마침 마주 오는 차가 없어서 다행히 인명피해는 없었고 우리 차만 엉망으로 구겨졌다. 조수석 앞문이 찌그러져 열 수가 없었고 뒷문도 구겨졌지만 간신히 차에서 내릴 수 있었다.

길가에 차를 세워놓고 우리 네 사람은 혼미해진 정신을 한참만에 수습하고 다시 출발했지만 모두들 지옥의 문 앞에 갔다 온 사람처럼 넋을 잃고 있었다. 돌아오는 차창 밖에는 오월의 초록 들판이 푸른 향연을 펼치고 있는데 우린 무시무시한 사고를 겪고서야 무리한 행동이었음을 인정했다. 금요일에 하루 종일 직장생활에다 밤새도록 운전에 눈 한번 붙이지 못했으니 오후가 되어 나른해지는 것은 당연한 일, 어느 장사인들 온전했겠는가. 그날의 일탈은 분명 무리한 욕심이었고 한마디로 미친 짓이었다.

하지만 가끔은 이렇게 목적을 향하여 미칠 일이 있다는 것은 아직 우리 안에 뜨겁고 힘찬 수액이 흐른다는 뜻이지 싶어 행복해진다. 원래 바쁜 사람이 더 시간이 많은 법이다. 여유는 만드는 것이지 주어지는 것이 아니다. 이번에 우린 그 대가를 톡톡히 치렀다. 잠 한숨 자지 않고 무리한 행동을 했던 것이다. 하지만 고난이 유익을 낳는다는 말도 있다. 이렇게 목표를 잡은 한 가지 일에 미치지 않고 고난을 투자하지 않으면 아무것도 해내지 못하리라. 내 나이 마흔이 넘어서부터 몸의 일부분이 삐걱거리기 시작했다. 눈도 침침해지고 무릎 관절도 뻑뻑해진다. 어느 순간 세상 다 산 것처럼 회의에 빠졌다가 다시 꿈을 향해 달려갈 수 있을까 싶어서 착잡해질 때도 많다.

  하지만 굳이 나이를 헤아려 뭣 하겠나. 아직 이렇게 푸른 오월처럼 꿈이 푸르게 살아있는데 다시 한번 어딘가에 미치고 싶다.

벚나무집 간이역

5월의 햇살이 갑자기 한여름을 방불케 한다. 올해는 때 이른 더위가 찾아온다더니 사실인가 보다. 20평 남짓 작은 마당에 가득 심어놓은 마가렛 꽃들이 때 이른 더위에 목이 마른지 잎사귀부터 돌돌 말아버린다. 뒤뜰 언덕 대나무 숲에 이는 바람도 더 이상 숨을 곳이 없는지 후끈 달아오른 입김을 토해내고, 대문가에 서 있는 벚나무 우듬지에 까치네 식구들도 일찌감치 휴가를 떠났는지 오늘은 조용하다.

해운대 해수욕장 근처에 있던 사무실을 기장 석산리로 사무실을 옮긴 지 만 1년이 다 되어간다. 송정에서 5분밖에 걸리지 않는 도시 근교지만 한가한 시골 마을이다. 200여 평 남짓한 대지에 사무실과 창고 그리고 게스트 룸까지 지어 이사를 했다. 시골환경이 처음엔 모든 것이 불편했는데 이젠 시골 정취에 점점 물들기 시작했다.

 벚나무가 그물처럼 그늘을 펼치는 오전 10시쯤 출근하면 가장 먼저 마당 가득 줄지어 피어 있는 마가렛 꽃들과 겹꽃으로 피어 탐스러운 철쭉꽃이 눈에 들어온다. 그리고 은하수 무리처럼 오종종 매달려있는 매실과 듬성듬성 큰 잎에 가려 잘 보이지 않는 어린 배에게까지 눈길을 준다. 그러다 보면 간밤에 내린 영롱한 이슬을 달고 있는 취나물과 방풍나물, 곤드레나물이 화려하지 않은 자기들 모습도 봐 달라고 졸라댄다. 낮은 눈높이로 인사를 하고 상추, 가지, 고추들이 자라고 있는 뒤꼍으로 가서 힘껏 기지개를 켜는 야채들을 보고서야 사무실로 들어와 창문을 연다. 그러면 가끔씩 도둑처럼 다녀간 길고양이가 빼꼼히 맑은 안부를 물어온다. 하루를 시작하는 컴퓨터 버튼을 누르고 아침 커피 내리는 시간이 내겐 가장 푸른 시간이다.

 사무실 앞 대로변엔 무료 주차장이 있다. 30여 대를 댈 수 있는 공간이다. 그래서 누구나 마음 편하게 주차할 수 있어 오가며 들르는 손님을 맞느라 바쁠 때가 많다. 사계절 야채를 심어놓은 텃밭이 있어서 지인들과 나누어 먹는 재미 또한 쏠쏠하다. 남편은 사업을 하는 본업을 잊어버릴 정도로 자주 텃밭에 나가 농사를 짓는다. 가끔 흙 묻은 작업복으로 거래처 사람들을 맞으면 사장을 바로 앞에 놓고도 사장님을 찾는 에피소드가 수시로 벌어진다. 자주 난로에 쓰레기를 태우는 남편의 뒷모습을 보면 모든 씨름 다 내려놓고 이젠 단순하게 살고 싶다는 마음이 읽힌다. 어릴 적 쇠죽을 끓이던 가마솥 앞에서 아무 생각 없이 시간을 보내도 아깝지 않은 시간들이었는데, 지금은 남아도는 시간이 없어서 늘 바쁘다는 생각이 떠나질 않는다.

4월이면 대문가에 서있는 벚나무가 화들짝 꽃을 피우면 천국이 이럴까 싶을 정도로 환상적이다. 물론 달맞이 길 벚꽃터널이 장관을 이루지만 그건 스쳐 지나가는 풍경에 불과하다. 하루 종일 나와 함께 하는 이 벚꽃은 특별한 존재가 되었으니 그 환희는 어디에도 견줄 수 없다. 지나가는 행인들도 벚꽃 그늘에서 덩달아 환해진다.

이렇듯 자연은 인간에게 위로를 준다. 정직하게 결과물을 내며 그 어떤 경우라도 배반하지 않고 안아준다. 모든 삼라만상이 자연의 순리이며 우리 인간도 자연의 일부이니 자연 속에 살면 이렇게 위로를 받고 우리의 영혼은 항상 자연의 신비로운 가치를 닮으려 자연을 찾아 나선다. 그러다 자연의 일부로 돌아간다.

많은 지인들이 사무실을 자주 찾는다, 비 오면 비 온다고 바람 불면 바람 분다고 차 한 잔 하러 가도 되냐고 전화 오는 사람들도 많고 근방을 지나가다 차 한 잔 생각나서 들렀다는 사람들도 가끔 있다. 참 희한한 일이다. 해운대 사무실엔 좀처럼 그냥 방문한 외부 손님이 없었다. 꼭 볼 일 있는 사람들만 들어왔다. 오피스텔 빌딩의 그 냉랭한 도심 숲에서는 사람들이 덩달아 마음의 여유가 없어진 것 아닐까 싶다.

근래에 고향에 갈 때마다 주변이 하루가 다르게 전원주택이 들어서는 걸 본다. 아마도 베이비부머 세대들이 은퇴시기가 되니 연어가 모천으로 회귀하듯 인간들도 나이가 들면 고향으로 회귀하려는 본성이 있어서 그렇겠지. 나 역시도 은퇴하면 전원주택으로 들어가고 싶은 꿈이 있다. 아직은 두 아이가 직장생활과 학교생활을 해야 하니 너무 이르고 둘만 남았을 때를 대비해서 수시로 인터넷에서 전원주택 매매란도 자주 들여다보며 꿈을 꾼다. 그전까지는 회사가 자연 속에 있으니 그나마 위안으로 삼는다. 옛말에 사람이 북적이는 집은 복이 들어온다는 말로 위로를 받고 싶을까 수시로 쉬었다 가는 사람들이 있어서 즐거울 때가 많다.

　우리 사무실은 그야말로 조그만한 간이역이다. 때론 그냥 기차가 지나 칠 수도 있는 간이역이지만 마가렛 꽃들이 환하게 햇살처럼 웃고 있는 간이역에 쉬었다 가기를 바라는 마음으로 게스트룸까지 지어 놨다. 지친 영혼을 잠시 쉬었다 자연의 에너지를 받아 다시 또 푸르게 살기를 바라는 마음에서 "로뎀나무"라는 명패를 걸어놓은 게스트룸은 가끔 나그네처럼 숙박을 하는 사람도 더러 있다. 외국에서 선교를 하다 잠시 고국으로 들어오는 선교사님들도 있고 외국인 선교사들도 더러 묵었다 간다. 우리 사무실이 그렇게 오래도록 누구나 쉬어가는 간이역이 되기를 바라는 마음이다. 이곳이 지친 영혼을 치유하는 간이역이 되었으면 하는 바람을 해 본다.

　그래서 이곳을 벚나무집 간이역이라 명명한다. 지친 영혼이라면 누구든지 쉬었다 갈 수 있기를…….

봄날의 우수

　시험을 치겠다고 그런 모진 고통을 감내한 두 아이에게 나는 백점을 주었다. 성적이 아이들을 재는 잣대가 되어버린 이상 학교에서 뒤처진 아이들을 격려하는 세상은 분명 아니다. 그리고 자식이라도 공부 잘하는 자식을 더 좋아하는 부모가 되어버린 현실을 부인하지 못한다는 것. 인간성이나 성격에 문제가 있어도 공부 잘하는 편이 더 낫다는 것 등이 지금의 세상이다. 이런 현실에서 사람답게 살아가기란 팍팍한 일이다. 아니 서글프기 짝이 없는 일이다. 그리고 종종 만나는 뒤처진 사람들의 비애는 얼마나 가슴을 아리게 하는가…….

장산에서 불어 내린 상큼한 봄바람을 안고 학교로 향했다. 수험생 당사자처럼 마음이 바짝 긴장되었다. 시험이란 치는 사람이나 감독을 하는 입장이나 긴장하기 마련이다. 배정받은 1학년 4반 교실로 들어섰다. 이제 막 고등학교에 입학한 아이들은 중학교와 전혀 다른 학습 분위기와 대학의 관문이 성큼 눈앞에 다가와 있다는 것을 실감한 표정이었다. 엊그제만 해도 어리광이나 부리던 아들 녀석이 떠올랐다. 불과 두어 달 전인데 고교생이 된 아이들은 제법 의젓하고 의연하고 당차 보였다. 흐뭇한 감동에 가슴이 뭉클했다. 내 아이가 소속된 반은 아니었지만 모두 내 아들만 같았다. 아이들이 미래라는 걸 새삼 실감하면서 가슴이 벅차올랐다.

학부모 감독제를 실시하면서 나도 학부형으로서 감독관이 된 것이었다. 시작종이 울리고 교실은 벌써부터 팽팽한 긴장감이 돌았다. 물속 같은 고요 속에 40명 고고생들의 눈빛만이 마치 고광도 불빛처럼 반짝였다. 이제부터 시작이라는 학기 초 중간고사답게 의지에 불타는 눈빛이 오히려 처연했다. 대학을 앞둔 고단함이 피부로 느껴졌다. 시험지와 OMR답안카드를 받아든 학생들은 일제히 책상으로 고개를 숙인 채 문제를 풀기 시작하고 감독관인 우리는 주의사항을 말해 준 다음엔 일체 말없이 눈으로만 감독을 해야 했다.

나는 감독을 한다기보다는 공부한 만큼 손해 보지 않고 시험을 잘 쳐야 할 텐데 라는 심정으로 아이들을 둘러봤다. 그런데 창가에 앉아있는 한 학생이 책상에 엎드리는 것이었다. 학생은 파란색 노스페이스 점퍼를 입고 있었다. 교복이 아니었다. 잠시 지켜보기로 했다. 내 눈은 다시 아이들을 훑어 나갔다. 놀랍게도 그런 아이가 또 하나 있었다. 이번엔 반대편에 앉은 아이가 엎드렸다. 교복 재킷은 입지 않았고 와이셔츠만 걸쳤는데 형편없이 구겨져 있었다. 엎드려있는 허리가 허옇게 드러나 있었다. 단정하게 교복을 입고 시험을 치느라 혼신을 다 바치고 있는 38명 아이들과 대조적이었다. 두 아이는 아무래도 시험을 포기한 듯했다

시간은 촉박하게 흘러가는데 두 아이는 고개를 들지 않았다. 정감독인 해당학교 선생님이 아주 나지막하게 격려를 해주었고 아이는 잠시 고개를 들더니 다시 엎드리고 말았다. 다가가서 시험을 포기하면 안 된다고 말을 해주고 싶었지만 규정상 말을 입 밖에 낼 수 없었다. 그냥 바라볼 수밖에 없었다. 그러나 내 눈은 두 아이에게서 떠나지 않았다. 두 아이는 발가락을 꼼지락 거리기도 하고 가끔 허리를 틀기도 하면서 지옥의 시간을 견디고 있었다. 정말 지옥일 것이었다. 시험을

열심히 치는 아이들에게는 시간이 번개처럼 지나갈 것이고 두 아이에게는 고문일 것이었다.

바스락바스락 아이들이 시험지 넘기는 소리가 지나가고 나자 조금씩 열려있는 창문으로 상큼한 봄바람이 들어오고 있었다. 창가 쪽에 앉아있는 아이가 고개를 들고 창밖으로 시선을 던졌다. 슬픈 듯한 시선에 가슴이 꽉 막혀왔다. 콧등이 시큰거려 몇 번인가 침을 꿀꺽 삼켜야 했다. 아이의 가슴속에 들어앉아있는 알 수 없는 상처가 내 가슴속으로 쳐들어온 탓이었다. 중학교 때 엄마와 헤어져 늘 쓸쓸한 얼굴로 내 가슴을 저리게 했던 조카 녀석 때문이었다. 어릴 때 부모 불화로 말과 표정을 잃어버렸던 아이가 어렵게 자라 군 입대를 하던 날 모두 걱정을 했었다. 다행히 아무 탈 없이 군 제대를 앞두고 있지만 언제나 그 조카만 생각하면 가슴이 아픈데…….

시험은 5분을 남겨놓고 있었다. 답안작성을 서둘러야 한다는 주의를 주었다. 38명 아이들은 빨갛게 긴장된 얼굴로 답안을 작성하느라 심혈을 기울이고 있었다. 두 아이도 답안을 살피고 있었다. 그냥 찍어놓은 답일 것이었다. 드디어 시험이 끝나는 종소리가 울리고 답안을 제출하기가 무섭게 아이들 입에서 터져 나온 탄식소리가 교실과 복도에 물결쳤다. 두 아이는 탄식도 무엇도 하지 않은 채 무거운 발걸음으로 답안지

를 제출하고는 어디론가 사라졌다

　내 임무를 마치고 집으로 돌아오는 길에 내내 양 아흔아홉 마리 중 잃어버린 한 마리 양을 찾아 나선 예수님을 생각했다. 시험답안을 제출하고 제자리에 앉는 아이에게 "애썼다. 정말 잘했다"란 말 한마디를 해주지 못한 것이 후회가 되었다. 비록 한 시간 내내 시험은 포기했지만 시험을 치를 동안 그 힘든 걸 견뎌낸 마음이 그 아이들에겐 대단한 것이다. 온통 일등을 최고로 치는 이 매정한 세상에서 아흔아홉 중 한 마리 양을 찾아본 적이 있었던가?

나는 나에게 뭘 해 주지?

사무실 초인종 소리에 화들짝 낮잠이 달아났다. 점심식사 후 의자를 뒤로 젖혀 잠시 꿀잠을 자고 있는데 남편의 대학 동기 N 씨가 사무실 문을 두드렸다. 꿀잠을 **빼앗아간** 그가 살짝 원망스러웠지만 코로나바이러스로 인해 못 만난 지 오래되어 반가움이 더 컸다. 결혼 후 33년 동안 부부동반 동기 모임이라 남편 친구지만 내 친구처럼 허물없는 사이다.

오토바이를 타고 바람도 쐴 겸 일광 열무국수를 먹으러 왔다가 들렀다며 밀린 안부 보따리를 풀어놓는다. 그사이에 태어난 첫 손자 사진을 내밀며 연신 자랑하기에 바쁘다. 작년

이맘때쯤 결혼식을 한 아들이 벌써 아기를 낳아 백일이 막 지났다며 핸드폰 안에는 손자의 재롱 소리가 오월의 햇살만큼이나 차르르 쏟아진다. 그 작은 핸드폰에서 마술을 부리듯 끊임없이 손자의 동영상이 나온다. 며느리가 매일 찍어서 보내준 모양이다. 이 땅의 모든 할머니 할아버지가 이 맛에 사는구나 싶었다. 은근히 부러웠다.

 이 평일에 웬일이냐고 했더니 백수로 산다며 환갑 이후 일을 놓았다고 했다. 그는 젊었을 때부터 환갑이 지나면 자기 자신에게 여유를 주며 살겠다고 식구들에게 선포를 해왔다. 그래서 단호하게 계획했던 대로 결정했던 모양이다. 100세 시대인 요즘에 절대 안 될 것 같지만 욕심을 내려놓으면 충분히 가능하단다. 대다수 사람은 놀면 뭐 하나 싶어서 몸이 망가지는 것도 모르고 일에 매달리기도 하지만 놀 줄 몰라 평생 일하는 사람도 있다고 말한다. 그러다 보면 어느새 몸은 망가지고 후회는 이미 늦다고, 그는 인생 연구가처럼 목소리에 힘을 얹어 말한다.
 그렇다. 평생 건강하다고 믿고 살다 보면 자기도 모르는 사이 몸은 망가지고 그제야 후회해봤자 이미 되돌릴 수 없는 지경이 되기도 하는 것을 종종 본다. 노는 것도 잘 놀아야 한다.

놀 줄 몰라 다시 취업하는 사람들도 많다. 그는 마징가 제트처럼 생긴 오토바이를 타고 전국을 유람 삼아 여행 다닌 지가 벌써 4년이 됐다. 그의 지론을 들으면 충분히 공감 가지만 대부분 사람들이 희망사항일 뿐이다. 현실이 받쳐주지 않으니 실천이 어렵다는 게 문제다. 거미줄 같은 현실을 싹둑 자르고 단호하게 은퇴를 선언하는 용기가 참 대단하다 싶었다.

 예전부터 그들 부부의 삶은 한마디로 간단했다. 식구들이 최대한 각자도생이다. 말 그대로 스스로 각자 살길을 도모한다는 말이다. 두 아이는 이제 장성해서 아들은 결혼했고 딸은 직장엘 다닌다. 지금까지 자식 일로 애면글면 하지 않고 부부의 삶에 집중하며 즐겁게 사는 것이다. 주말이면 어김없이 오토바이 동호회 회원들과 여행을 다니고 전국 맛집을 찾아다니면서 하루하루 즐겁게 산다.
 올 유월이면 은퇴하는 아내와 함께 인생 후반전은 더 자주 여행을 다니게 될 것이라고 희망에 부풀어 있었다. 그는 나의 남편과 같은 대학, 같은 전기과를 나왔지만, 전공과 다르게 새시업을 하면서 지금껏 열심히 살았다. 성격이 원만하고 신용이 두터워 많은 고객이 있었지만 과감하게 끊고 은퇴를 선언했다. 그렇다고 형편이 평생을 호의호식할 형편은 분명 아니다. 욕심을 내려놓으면 소박하지만 충분히 살아갈 수 있단다. 아내의 연금과 자기의 국민연금에 맞게 산다면 충분하다고 인생 별거 있냐고 도인처럼 말한다. 하기야 워낙 검소하고 낙천적이어서 분명 계획대로 잘 살아갈 것으로 믿는다.

 그의 삶이 부러웠다. 그렇게 살아야지 하면서도 우리는 잘 안 된다. 자식이 힘들게 살아갈까 늘 걱정이고 부모의 힘이 원동력이 되어 더 강하게 날 수 있을까 싶어 도움 주려고 애쓴다. 우리가 일 할 수 있을 때까지 고생하면 자식들은 덜 힘들겠지 싶어 은퇴시기가 지났지만 놓아지지 않는다. 아무리 이성적이고 합리적인 사고로 자식은 자식들의 삶이 있다고 떠나보내야 한다면서도 어느새 자식들의 삶에 간섭하려 들고 또 어느새 과잉 걱정을 하고 있다는 것을 순간순간 발견한다.

 내려놓아야지 해놓고도 그게 말처럼 쉽지 않을 때가 더 많다. 비단 우리부부뿐 아니다. 주위에 지인들이나 친구들도 비슷하다. 다들 하나 아니면 둘을 키우니 자식이 상전이고 우상이 되어 버린 지 오래다. 이렇게 N 씨처럼 자식으로부터 집착과 욕심을 내려놓고 각자 자기를 찾아서 소박하지만 즐겁게 사는 방법이 어쩜 인생에서 제일 잘 사는 정답일지도 모르겠다.

언젠가 인기리에 방영하고 있던 드라마 "슬기로운 의사 생활"에 나오는 대사가 기억에 남는다. 앞뒤 내용은 모르겠고 채송화 역의 전미도와 이익준역 조정석과 아침을 먹다가 뜬금없이 채송화가 이익준에게 "너는 널 위해 뭘 해주냐?"라고 묻는다. "너는 날 위해서 뭘 해주냐?" 라고 물었다면 의미가 없지만 자기가 자기 자신에게 무얼 해주냐고 묻고 있었다.

물론 여기에서 이 질문은 이익준이가 나는 "너랑 밥 먹는다. 날 위해서"라고 해서 시청자들의 마음을 울리게끔 작가의 의도가 있었지만, 그 한마디가 계속 내 가슴에 머문다. "나는 날 위해 뭘 해 줄 수 있을까?"라는 메시지의 울림으로.

지금까지 살아온 흔적을 뒤돌아보면 늘 해야만 하는 것에 초점이 박혀 있었다. 여자로 태어나서 평생 엄마, 아내 역할, 그리고 딸의 역할을 하느라고 단 한 번도 나를 위해 의미 있게 선물한 적 없었고 오롯이 나만을 위해 시간을 써 본 적이 거의 없었다는 생각에 미치니 괜히 억울하단 생각이 앞선다. 그냥 그렇게 살아진 거였으면서. 그게 내 삶 이러니 하면서 살아서 지금까지 나름 행복한 삶이라고 자부하면서 살았으면서, 괜히 억울하단 생각이 슬그머니 든다. 나름 최선을 다한 삶이니 그리 후회는 없다마는 이제부터라도 생각의 전환이 필요하다는 걸 깨닫는다. 남은 삶, 자식들은 이제 제 갈길 갈 것이고 나를 찾아서 내게 더 삶의 의미를 안겨주며 살아야지 생각하지만 제대로 될지 모르겠다.

텃밭에 무성한 상치를 한 봉지 뜯어주며 바이러스 전쟁이 끝나면 모임을 재개하자고 약속한 뒤 그의 마징가 제트는 벚나무 간이역에서 잠시 쉬었다가 굉음을 내며 사라졌다.
　어느새 중천의 해는 그림자를 길게 만들고 내 입속에는 "나는 날 위해 뭘 해주며 사는가?" 이 말이 자꾸 입안에서 되뇐다.

내가 가는 길만 비추기보다는

　최근 다큐 미니시리즈인 인간극장을 두 주 연이어 본 적 있다. 이미 종영을 했지만 마치 감명 깊은 한 권의 소설책을 본 듯 그 감동의 여운이 가시질 않는다. 덩달아 창밖의 꽃들도 봄이 켜준 등불로 인해 가슴이 뜨거운 모양이다. 한꺼번에 온 세상을 대낮처럼 환하게 밝힌 걸 보면…….

　지난주 방영한 제목은 "아빠가 된 수사님"이다. 제목만으로도 다시 가슴이 따뜻해진다. 필리핀 마닐라의 외곽도시"타기그"라는 지역에 성당이 운영하는 "사랑의 집"에서 18명의 사내아이들의 아빠가 된 안드레아 수사님의 이야기였다.

꽃다운 이십 대에 군 입대를 앞두고 만성 골수성 백혈병 진단과 함께 6개월의 시한부 생명을 선고받았다. 그 후 그는 "자신에게 살날이 남아 있다면 남은 삶을 다른 사람을 위해 살겠다"라고 그가 믿는 신에게 매일 기도했다.

신은 그의 기도를 외면하지 않았다. 기적처럼 얻은 새 삶을 기도한 대로 살기 위해 곧바로 사회복지과를 지원해 가톨릭의 수사가 되었다. 부모가 없거나 오갈 데 없는 거리에서 노숙과 구걸을 하며 살아온 7살에서 18살에 이르는 사내아이들을 돌보며 살아간다. 말도 많고 탈도 많은 사춘기 아이들이라 사건사고가 삶 자체인 아이들이다. 엄마 손길을 대신하는 그는 아이들의 등교, 준비물, 학교 면담까지 모든 일을 감당하며 때론 형처럼 때론 아빠처럼 사랑과 훈육으로 아이들을 돌본다.

사랑은 사랑을 낳는다고, 받은 만큼 베풀고 살길 바라는 안드레아 수사님의 마음이 하늘에 닿았는지 아이들도 남을 사랑하며 베푸는 법을 조금씩 배우고 익혀간다. 그는 자신을 의지하며 상처를 딛고 살아가는 아이들을 보면서 그 사역을 그만둘 수가 없었다. 그래서 점점 변해가는 아이들에게 남은 삶을 다 바치려고 다짐한다. 그의 헌신적인 삶을 보면서 내 삶에도 뭔가 꿈틀거리기 시작했다.

그보다 앞 주에 본 또 한 편의 감동 드라마 "내가 사는 이유"라는 비슷한 휴먼 드라마였다. 무려 60여 마리의 유기견과 유기묘를 기르는 어느 전직 여교수의 못 말리는 동물사랑을 그린 이야기였다. 그녀 역시 청천벽력 같은 간암 2기의 병을 얻어 한때 잘 나가던 대학교수의 직장도 내려놓았다. 그냥 다 내려놓고 자연에서나마 위로받고 싶어 연고도 없는 거제도로 내려왔다. 우연히 길을 가다 전생에 연인이라도 된 듯 그녀의 발치에서 맴도는 유기견 한 마리가 그녀의 운명을 바꾸어 놓을 줄 몰랐다.

그로부터 차마 외면 못해 데리고 온 유기견들과의 전쟁 같은 삶이 그녀에게 완치라는 기적을 선물했다. 비록 전쟁 같아 보이지만 그 안에 사랑의 마력이 작용한 것이다. 보답이라도 하듯 버려진 생명을 돌보기 시작하여 어느덧 60여 마리로 자칭 "개 엄마"로 살아간다. 물론 엄청난 희생이 뒤따르지만 다시 얻은 새 생명만큼 신나고 행복한 일이 또 있을까.

모든 경비는 남편이 학원에서 번 수입으로 치른다니 대단했다. 한 마리 반려견을 키울 경비도 아까워서 살아있는 생명을, 그것도 식구 같은 생명을 남겨두고 이사를 가버린 몰인정한 사람들도 많은데 마치 사명인 것처럼 버려지고 아픈 생명을 거둬들이는 일을 혼자서 감당한다. 과부하가 걸린 그녀의 몸 상태가 걱정이지만 나는 믿는다. 그녀의 행복지수는 누가 봐도 높았기 때문에 다시는 그런 큰 병이 얼씬도 못 할 거라는 것을. 사람이나 동물이나 사랑을 주고받으면 육적으로나 정신적으로나 건강해진다. 그녀의 암세포도 더 이상 뿌리를 내리지 못하고 항복을 한 모양이다. 단순히 되찾은 새 생명을 보답하는 뜻에서 개와 고양이들을 키우진 않은 듯하다. 그녀의 천성이 원래 따뜻하고 사랑이 많은 분임에 틀림없었다.

　삼십여 년을 크리스천으로 살아온 나는 이웃사랑도 제대로 실천해 본 적 없다고 생각하니 부끄러웠다. 누구를 위해 경제적으로 큰 손실을 감내한다는 것은 여간 큰마음 아니고는 못한다. 입술로만 이웃사랑을 수없이 되뇌며 살았다. 한평생 허리를 졸라매도 삶은 가끔 모래시계처럼 쉽게 빠져버리다가 다시 채워지기를 반복하는 터라 내 가족 아닌 남에게 보상 없는 베풂은 힘들었다. 아니 좀 더 솔직히 말하자면 참사랑을 실천해 보려고 노력도 하지 않은 이기심이었는지도 모르겠다.

　그러다 2년 전 송정 근처에 사무실과 창고를 짓고 그 옆에

10평 남짓 게스트룸을 지었다. 이곳은 엄격히 따지면 사업에 꼭 필요하지 않은 공간이라 굳이 지을 공간은 아니다. 하지만 필요한 누군가를 위해 욕실과 부엌이 딸려 숙박이 가능하도록 지어놓은 방이다. 집이 지척이라 별장 역할도 아니고, 실은 교회 선교사님들이 한국에 들어오시면 기거할 공간이 필요하다는 교회 목사님의 말씀을 듣고 선뜻 순종하는 의미에서 지어놓았다. 에어컨과 집기류를 넣고 이불과 그릇들을 하나씩 사 넣을 때마다 누군가 고맙게 쓰고 감사한 마음으로 섬김의 선순환을 낳는다면 그것으로 족하다고 생각했다.

누군가의 지친 영혼이 맑은 햇살과 푸른 바람 일렁이는 이곳에서 쉬어가면 좋겠다 싶었다. 그래서 이름도 "로뎀나무"로 지었다. 성경에 나오는 로뎀나무는 일상에서 지친 영혼을 쉬었다 가는 곳이라는 뜻에서 담임목사님께서 지어주신 이름이다. 그 후 여러분의 선교사님들이 지내다 가셨고 또 우리 교회 청년부들의 귀중한 쉼터로 제공하기도 한다.

물론 누군가가 며칠을 묵고 가면 청소와 세탁도 해야 하고 음식물 쓰레기와 각종 분리수거의 번거로움과 수고가 따른다. 하지만 지금껏 한 번도 힘들다 생각되지 않았고 이상하게도 오히려 충만해짐을 느낀다. 분명 내 안에도 싹이 트고 있다. 투박하고 딱딱한 마음이지만 어느새 그 틈새를 깨고 고개

내민 사랑의 싹이 분명하다. 나도 섬김을 해보고 싶었다. 내가는 길만 비추기보다는 누군가의 길을 비춰 줄 수 있는 삶을 살다가 가고 싶었다.

그동안 풍족하지 못했던 어린 시절 때문인지 해보고 싶은 것들이 늘 병목현상을 일으켰다. 나와 상관없는 사람의 형편은 보이질 않았다. 아니 좀 더 솔직하면 늘 손익계산서를 작성하며 살았는지도 모르겠다. 소외당하고 고통받는 사람들의 진정한 이웃이 되어보는 것을 아예 교과서처럼 마음 안에 모셔만 놓고 살아왔음을 고백하고 싶다. 이일도 누군가를 위해 섬긴다고 하지만 한낱 가진 자들의 무늬로 입혀진 섬김이 아닐까 내 안을 잠잠히 들여다 볼일이다. 누군가에게 베풀면 부족할 것 같지만 신기하게도 마음이 채워진다는 것을 자주 느낀다. 사랑은 받아 본 사람만이 베풀 줄 안다.

삶이 점점 푸석해진다. 사람들은 해마다 불경기라는 말만 되풀이한다. 이렇게 팍팍한 세상에 "내 가는 길만 비추기보다는 누군가의 길을 비춰 준다면"이라는 어느 찬송가의 가사가 자꾸 후렴 가사처럼 입안에서 맴돈다.

그놈이 보고 싶다

또 그놈이 다녀갔다. 한 번도 본 적 없던 그놈이 흔적도 없이 아홉 마리의 병아리들을 해치운 사건이 일어났다.

토요일 점심, 사무실 근처 맛집을 찾아서 근사하게 점심을 먹고 후식으로 막 먹은 전통 팥빙수의 달달함이 채 가시지도 않을 즈음 사무실로 돌아왔다. 그때가 오후 두 시 반 즈음 됐을까. 창고로 들어간 남편은 곧바로 비명소리를 질렀다. "병아리들이 또 없어졌다"라는 고함소리였다. 용수철 튀듯 창고로 뛰어갔더니 아뿔싸! 아홉 마리의 피 맺힌 해독할 수 없는 절규만 남겨놓고 병아리들은 흔적을 감춘 뒤였다. 또 당했구나 싶으니 홍수에 속수무책 무너지는 산사태처럼 허망함이 한꺼번에 와르르 쏟아졌다. 정말 어이가 없고 기가 찼다. 모이통과 물통이 널브러져 있었고 아크릴로 만든 뚜껑이 삐딱하게 열려있었다. 누가 봐도 침략자가 다녀간 모양새다.

남편에게 닭장 뚜껑은 왜 열어 놓았으며 창고문은 왜 잠그지 않고 외출했냐고 속사포처럼 쏘아붙였더니 어이없게도 돌아온 대답은 병아리들이 너무 더울까 봐 열어놨단다. 올 것이 왔네 싶었다. 언젠가 이런 날이 올 것을 재미 삼아 상상은 하곤 했었다. 긴 시간 외출 할 때도 사무실과 창고 문을 열어놓고 다니는 습관이 있어서 늘 잔소리를 해도 마이동풍 같은 사람이라 한 번쯤 겪어야 고치리라 생각은 했었지만 현실이 될 줄은 몰랐다. 이번이 네 번째다. 이번에는 정말이지 이를 갈며 만반의 준비를 했는데 또 허무하게 당했으니 열 명의 경찰이 한 사람의 도둑을 못 지키는 꼴이 되고 말았다.

처음 부화했을 때가 잊히질 않는다. 계란 24개를 부화기에다 넣고 붙여놓은 부화 달력에 동그라미까지 그려가며 21일을 어릴 적 소풍날 기다리듯 손꼽아 기다렸다. 정확하게 21일째 날 두세 마리가 껍질을 깨기 시작하는데 그 신비함이란 이루 말할 수가 없었다. 처음부터 강한 놈은 금방 껍질을 깨고 나오지만 부실한 놈은 이삼일을 끙끙거린다. 기다리다 지쳐

슬쩍슬쩍 껍질을 벗겨주면 엷은 막이 날개에 말라 붙어버려서 결국 죽는 놈도 있었다. 원래 사람의 손으로 껍질을 벗기면 면역력이 없어서 살아도 곧 죽는다는 말이 있었지만 죽을 힘을 다해도 못 나오면 보다 못해 손으로 벗겨 줄 때도 있었다. 고 작은 계란에서 어떻게 생명이 태어날까 싶은데 신기하게도 하루만 지나면 노란 인절미가 굴러가듯 보기만 해도 걷는 모습이 귀엽고 앙증스러웠다.

처음에는 9마리를 성공시켰다. 투명한 아크릴 판으로 뚜껑을 만들고 그 뚜껑에다 백열등을 달아서 온도를 맞추고 합판으로 집을 만들어 바닥엔 부직포를 깔아주면 근사한 집이 됐다. 한 달간 아기 키우듯 키워서 이제 컸다 싶으면 사무실 뒤편 화초를 넣으려고 샀던 비닐하우스인 더 큰집으로 이사를 시켰다. 훨씬 큰 집으로 이사를 가서 그런지 하루가 다르게 잘 자랐다.

그러다 어느 날 아침, 출근해서 문을 열었는데 아홉 마리가 공중으로 솟았는지 땅으로 꺼졌는지 흔적이 없었다. 그땐 필라멘트 끊어진 전구처럼 내 머릿속이 잠시 정전이 됐다. 답답하고 억울하긴 마찬가지였지만 도무지 누가 가져갔는지 몰라 답답하기만 했지 '또 부화시키면 되지 뭐'라는 위안으로 견뎠다. 인생에도 공부를 하듯 이 또한 공부를 한 셈 치자 라며 그 울화를 참고 참았다.

비닐하우스 뒤편에는 대나무 숲이 있다. 거기는 늘 불안의 씨앗이 싹 틀 것 같았지만 한 번도 본 적 없는 족제비 소행인지 들고양이 소행인지 그때는 아무것도 몰랐다.

그리고 곧바로 부화기를 깨끗하게 소독을 하고 두 번째 부화기 버튼을 눌렀다. 원래 나의 룸메이트의 성격은 될 때까지 하는 스타일이다. 다시 지난 아픔은 다 잊고 태어날 새 생명을 기다리며 기다렸다. 두 번째엔 스물네 개 중에 열여덟 마리나 성공시켰다. 부화기 안을 어둡게 해 주고 습도를 유지시켜 주기 위해 물그릇을 넣어뒀기 때문이었는지 대 성공이었다. 한 달 뒤 이사할 비닐하우스를 빈 틈 하나 없이 여몄다. 족제비나 두더지가 땅을 파고들어 올 수 있을까 싶어서 테두리마다 시멘트를 발라 견고한 성처럼 만들었다. 우리는 두 번째는 절대 실수하지 않을 것 같은 자신감이 하늘을 찔렀다. 하루하루가 자라서 벌써 백숙해 먹어도 될 만큼 컸다.

아 그런데 운명은 그렇게 쉽게 우리 편에 서주지 않았다. 열여덟 마리 중에 열세 마리를 물어 죽이거나 물고 가버린 두 번째 사건이 터졌다. 이번에는 그놈들이 흔적을 단단히 남기며 포악한 자기 존재를 드러냈다. 한 마리는 하우스 안에다 죽여 놓고 또 한 마리는 하우스 밖에 모가지만 피를 뚝뚝 흘리며 떨어져 있었다. 그리고 작은 구멍으로 미처 빠져나가지 못했던 병아리는 몸뚱이만 구멍에 끼어 죽어있었다. 마치 좀비들이 목덜미를 문 것처럼 곳곳에 처참한 광경을 만들어놓았다. 나머지 열 마리는 물고 갔는지 배 속에다 넣어갔는지 아직도 미스터리로 남았다.

또다시 분노가 부글부글 끓었다. 그때 끓어오르는 분노의 온도를 재었다면 아마 물이 끓는 임계점에 닿고도 남았으리라. 억울한 마음 추스를 길 없었지만 그래도 남은 다섯 마리가 있어서 희망을 가졌다. 우리는 바로 비닐하우스를 다시 무장했다. 손가락 하나 들어갈 틈 없이 여몄고 CCTV까지 비닐하우스 안에다 설치했다. 그때까지만 해도 다시는 얼씬도 못하겠지 하면서 안심을 놓고 있었다.

정확하게 일주일 뒤 신은 우리에게 또다시 시험에 들게 했다. 하우스에 있어야 할 다섯 마리의 존재가 흔적 없이 또 사라졌다. 하루아침에 일곱의 아들과 세 명의 딸들을 잃고 모든 재산을 차례로 잃은 성경에 나오는 욥의 고난이 순간 스쳐 지나갔다. 나는 이 상황이 억울해서 환장할 노릇인데 욥은 어떻게 그 화를 다 참아가며 끝까지 하나님에 대한 믿음을 저버리지 않았을까. 욥이라는 인물이 겪은 고난도 이렇게 이유도 모른 채 당한 고난이었을까. 부들부들 떨리는 손으로 CCTV를 되돌려 봤다. 저녁 시간대를 주로 체크하며 보고 있는데 밤 11시 23분쯤 됐을까 드디어 그놈의 정체가 밝혀지는 찰나였다.

우리가 한 번도 본 적 없었던 긴 리무진 같이 생긴 족제비란 놈이었다. 미끈하게 빠진 족제비 같은 놈을 조심하라 하던 그야말로 그 족제비란 놈이 하우스 상부 쪽에 딱 두 마디의 손가락이 들어갈 정도의 틈으로 미끈하게 들어가는 것이 아닌가. 횃대에 올라가 잠자고 있던 막 4주가 지난 병아리들에게 공격을 하기 시작하더니 순식간에 한 마리씩 목을 물어뜯어놓는다. 사력을 다해 발버둥 쳐보지만 당할 재간이 없어 보였다. 병아리 다섯 마리와 족제비 한 마리가 마치 하늘을 나는 빗자루처럼 궤도를 그리며 날아다녔다. 이미 게임 끝난 현실이었지만 생생한 현장을 비디오로 보는데 나라 잃은 3.1 운동의 그 피 맺힌 절규보다 더 처절한 절규로 내 손에는 태극기가 아니라 총을 쥐고 뛰어나가고 싶은 심정이었다. 다시는 부화시키지 말자. 그리고 큰 닭들을 다 처분하고 닭장을 부수자고 화풀이 삼아 말했더니 남편은 바로 대답을 못했다. 이 남자는 그때도 또다시 해보자라는 꿍꿍이가 있었던 것이다.

다시는 부화기 근처도 가기 싫어 빈 통을 그대로 놔둔 채 여름이 다 지나갈 즈음 또다시 우리의 병이 도졌다. 청란과

토종란을 섞어서 세 번째 부화기를 돌리기 시작했다. 이번엔 어쩐 일인지 열한 마리밖에 부화를 못 시켰다. 밖의 온도가 너무 더워서 그랬는지 부화기의 온도계가 조금 낮게 책정된 것인지 열한 마리가 태어났다. 그것도 한 나흘쯤 걸렸다. 밤낮으로 산파 노릇을 자처하는 남편은 마치 그것이 즐거운 취미 생활로 한밤중과 새벽에도 기쁨으로 단을 쌓듯 한 마리 한 마리를 받아내며 산파 노릇을 즐겼다. 그중 두 마리가 장애로 태어나더니 이틀 만에 죽어버리고 아홉 마리는 건강하게 자라는 중이었다. 오늘이 딱 일주일째다.

며칠 전부터 다시는 그놈에게 빼앗기지 않으려고 이번엔 큰 닭장 안에 작은 닭장을 만들었다. 그야말로 shop in shop인 셈이다. 밖엔 큰 수탉이 다섯 마리나 경호원처럼 지켜 줄 것이고 여러 마리의 암탉은 엄마처럼 보호해 줄 것이라 믿고 튼튼하게 만들었다. 큰 닭장도 새로 단장했다. 이중으로 더 촘촘한 그물망을 덧대어 이번엔 파리 한 마리 허용 못할 마음으로 며칠을 수고하고 만든 집이다.

그러나 신은 어디까지 우리를 시험대에 올려놓으실까. 아, 정말 욥이 된 기분이다. 기쁨도 잠시 오늘 낮 그놈은 대범함을 보이며 또 싹쓸이해 갔다. 고기도 먹어본 놈이 잘 먹는다고 분명 그놈 짓일 거다. 그놈은 나날이 진보하는데 우린 구멍 하나 막지 못해 거대한 호수 둑이 한방에 무너지듯 이렇게 또 무너지고 말았다. 인내의 한계가 인격의 한계를 드러냈다. 내게 한 자루의 기관총이 있다면 영화의 한 장면처럼 그놈을 흔적 없이 쏴 죽이고 싶은 심정이다.

이번에도 그놈인가 싶어 CCTV를 봤다. 이번에는 CCTV가 없는 사각지대인 창고 안이라 멀리 대문에 달린 4번 기계를 돌렸다. 대문에 있는 전봇대에서 마당을 훤히 비추고는 있지만 창고 안까지는 거리가 너무 길어 보이지 않았다. 겨우 찾은 게 창고에서 나오는 희미한 물체는 다리가 짧고 몸통은 길어 리무진같이 생긴 것이 꼭 그놈 같기도 하고 고양이 같기도 했다.

오전 11시 20분쯤 창고에서 나와 꽃밭으로 유유히 빠져나가는 희미한 영상만 보여서 정확하지는 않았다. 비워둔 시간을 다 돌려가며 봐도 더 이상의 물체는 보이지 않았다. 대낮에 설마 하는 생각의 빈틈조차 허락하지 않는 이 인내의 끝은 어디일까. 갑자기 차들이 쌩쌩 달리는 교차로에서 어디로 가야 할지 한 발짝도 못 움직이며 서 있는 기분이다.

그러나 또다시 공부했다고 치자라고 마음먹는다. 이미 버스는 지나가버렸고 빨리 잊히기를 마음 다스릴 수밖에 방법이 없다. 다만 말 못 하는 동물일지라도 생명이 소중하거늘 희생된 병아리들에게 지켜주지 못해 미안할 뿐이다.

 예전에 아버지께서 억울한 일 당하면 "공부했다 치거라"하신 말씀이 생각난다. 무슨 일을 당하든 반드시 교훈이 있는 법이다. 한번 실수가 병가지상사라고 했거늘 도대체 한 번이 아니라 네 번이나 실수를 했으니 이건 비싸도 너무 비싼 수업료를 지불했다. 사람들은 꼭 희생을 치러야 조심한다. 설마 했던 생각의 빈틈이 큰 둑을 무너뜨리는 법이다.

 그나저나 며칠 지나면 또다시 병이 도질지도 모를 이 남자는 아예 한 달 된 병아리를 사가지고 올지도 모르겠다. 그런데 그놈이 너무 보고 싶다. 포획 망을 설치해 놓고 간절한 그리움으로 기다리고 있는데…….

호박잎으로 쓴 편지

햇살이 따가운 팔월의 한낮이다. 세상 소음들이 잠시 오수를 즐기는 사이 누군가 사무실 초인종을 눌렀다. 나른한 정오의 졸음이 화들짝 놀라는 바람에 로봇처럼 일어서서 문을 열었다.

우리 회사 현장에서 용접사로 가끔 일 해 주시던 아저씨가 갖가지 야채를 담은 까만 비닐봉지를 들고 우체부 아저씨처럼 서 계셨다. 올봄부터 미포 근처 텃밭에서 가꾼 푸성귀를 이따금씩 반가운 편지처럼 배달해 주신다. 상추쌈을 유난히 좋아하는 내가 반가운 편지를 받듯 건네받으면, 금세 아이처럼 얼굴이 환해지시는 아저씨다.

　비가 유난히 많은 올여름엔 수확이 작지만 함께 나눠 먹자며 주먹만 한 애호박과 가지런하게 다듬은 고구마 줄기 그리고 호박잎과 풋고추를 내 품에 안긴다.

　방금 딴 호박 꼭지와 고구마 줄기에서 흐르는 푸른 수액이 아저씨의 푸른 심장을 휘돌아 내 온몸 핏줄기마다 돌고 돌아 낮고 낮은 강물까지 흘러들어 갔으면…….

　그래서 이 지구를 푸른 물결로 물들였으면…….

　그랬으면…….

　나는 오늘, 호박잎으로 쓴 반가운 편지 한 통을 받았다.

제 3 부

란타나의 비밀을 말해줄게

란타나 꽃은 마음만 먹으면 꽃잎을 일곱 색으로도 바꿀 수 있어
그래서 굉장히 화려한 꽃잎을 가졌지
풀밭에서 온 편지처럼 진한 허브 향으로 교묘히 유혹하기도 해
미끈한 다리의 외목대와 풍만한 가슴처럼 풍성한 가지와 이파리
거기다 낭창낭창 버들잎 같은 허리로 미끼를 던지기도 해
물이 부족하면 금방 죽을 것처럼 엄살 부리다가도 몇 모금만 주어도
금세 화색이 돌거든
뭇시선을 유혹하기 위해 아주 교묘히 헛꽃도 숨겨 놓기도 하고
함부로 건드리면 숨겨놓은 독성으로 치명타를 날리기도 한데
만지고 싶은 유혹을 떨쳐버리지 못하면 평생 후회하게 될지도 몰라
그런데 옆집 할아버지가 하신 한 마디가 더 치명타로 들려

"이쁜 것들은 무서운께 조심해야 혀"

란타나 : 다년생 화초로 마편초 과의 낙엽관목

잠시 휴식을 취하십시오

    비에 젖은 4월의 산빛은 숨이 멎도록 황홀하다. 수채화 물감으로 쉬지 않고 마른 대지를 그려나가는 봄이 제 맡은 일을 충실히 하고 있어서일까. 염료 탈 물이 부족한 걸 눈치챈 봄비도 어젯밤 비밀리에 와서 충분하게 적셔주고 간 탓일까. 이 아침에 바라본 풍경은 벽에 걸어 놓고 싶은 밑그림이 투명한 한 장의 멋진 수채화다. 각자 맡은 소임을 다 하다 보면 이 지구상에서 가장 큰 수채화로 그린 풍경화 한 장이 그려지겠단 생각을 하며 이 아침 길을 나선다.
    전대미문의 코로나 바이러스에게 이 땅의 봄을 깡그리 빼앗긴 줄 알았건만 거대한 자연의 에너지는 여전히 살아있어서 꿈틀거린다. 긴 시간 동안 요지부동일 것 같더니 어쩜 이리도 하루가 다르게 대지는 꿈틀거릴까 싶다. 역시 자연의 에너지는 위대하다.

포항에서 부산으로 가는 고속도로 위에서 나는 지금 봄의 향연을 즐기며 운전하고 있는 중이다. 어제, 포항에서 대학원을 다니는 둘째 아들로부터 급한 전화를 받았다. 그저께 밤부터 설사와 구토로 잠 한숨 못 잤다며 엄살을 떠는 것이다. 자식이 아프다는데 회사일이 대수랴 싶어 모든 업무를 정지 모드로 놔둔 채 급히 포항으로 올라갔었다.

누룽지로 죽을 끓이고 몇 가지 반찬을 해 놓고 밤새 지켜봤더니 괜찮겠다 싶어 이 아침 다시 부산으로 출근하는 중이다. 눈은 매의 눈으로 정면을 향하고, 엑세레다 위에 얹은 발의 압력은 정확하게 100KM 이내를 유지하도록 해야 한다. 마치 물속 고요처럼 흔들림 없이 질주해야 하건만 지금 나는 봄 산의 유혹을 외면하느라 가끔 술 취한 듯 비틀거리며 운전을 한 지 1시간이 지났다. 거기다 고속도로 길 가에 흐드러지게 피어있는 노란 유채꽃마저 차가 지나갈 때마다 신장개업한 식당 앞 바람인형처럼 허리가 부러질 듯 휘청이며 손짓을 한다.

언제부턴지는 기억나지 않지만 1시간 이상 쉬지 않고 운전하면 자동차 계기판에 따뜻한 커피잔이 자주 나타났다 사라진다. 모락모락 김이 피어오르고 받침이 받쳐진 찻잔은 예쁜 목소리로 이렇게 말한다. "잠시 휴식을 취하십시오."라고.

처음엔 이게 무슨 소리지? 어디 고장이 났나? 하고 생각하다가 이내 무시하고 계속 운전하면 또다시 앵무새처럼 "잠시 휴식을 취하십시오."라고 소리 낸다. 그제야 한 시간 이상 달리면 차도 사람도 휴식이 필요하다는 메시지를 요즘 자동차의 시스템이라는 걸 알았다.

"나도 쉬었다 가고 싶어. 저 아름다운 산 빛에 물들다 가고 싶어. 하지만 출근해야 해. 지금도 늦었어. 오늘 처리해야 할 일들이 산더미야"

이렇게 혼자서 대꾸하며 계속 페달을 밟는다. 하지만 마치 내 말을 알아듣고는 그럴수록 더 쉬었다 가라고 그러는지 더 자주 "잠시 휴식을 취하십시오" 라며 메시지와 찻잔을 들이민다. 그거 참 귀찮아 죽겠네 싶어 작동을 멈출 수는 없을까 하고 운전 중이라 오른손으로만 계기판 근처를 여기저기 더듬거려도 도통 모르겠다 싶어 포기하며 운전 중이다. 새 차를 구입한 지 얼마 안 되었으니 설마 고장은 아니겠지 싶어서.

"조금만 더, 조금만 더 가면 목표지점인데 쉬었다 가면 시간적인 허비가 너무 많아서 안 돼. 오늘은 급한 업무만 하고 사무실 안팎으로 대청소도 해야 해. 내일 모 대기업에서 회사 실사 나온다고 했거든. 큰 공사를 할 수 있는 능력이 되나 안 되나 일종의 선을 보러 온다는 건데, 물론 이 선으로 결과가 나는 게 아니고 입찰에 참여시켜 준다고 했어. 그래도 첫인상이 중요하잖아? 정갈한 사무실 분위기가 비록 능력은 부족할지라도 사람 냄새가 난다면 그분들의 시선이 달라질지 모르잖아. 요즘 같은 불경기에 최선을 다해야 하니까. 그러니까 쉬었다 갈 마음의 여유가 없네."

찻잔에다 계속 혼잣말로 넋두리를 입력시키며 달리고 있다. 포항 아이 자취방에서 회사까지는 1시간 30분, 그러니까 중간에 쉬어도 되지만 그 정도로 쉰다는 것은 내 인생에서도 그리 흔하지 않은 풍경이다.

얼마 전 친한 지인으로부터 병원에 입원했다며 전화가 왔다. 코로나바이러스로 인해 병원에 가기 무서워 병을 더 키웠기도 했지만, 살면서 휴식하라는 경고음을 무시했더니 몸이 갑자기 한꺼번에 반란을 일으켰단다. 그 건강했던 목소리가 며칠 새 기운이 하나도 없었다.

지금까지 만난 인연 중에 늘 곁을 내어주고 싶은 사람이다. 그런 지인의 생활패턴을 누구보다 잘 알고 있어서 마음이 너무 무거웠다. 전형적인 현모양처에다 헌신적인 어머니상이다. 그래서 늘 바쁘게 사는 것을 옆에서 봐왔던 터라 잠시라도 휴식을 취하라는 경고음을 몇 번이나 듣고도 지나쳤으리라. 이 땅의 모든 어머니가 다 그러하듯이.

나 역시도 그렇게 살아가고 있다. 우선 건강하니까, 그리고 별 어려움 없었고 힘들다고 생각 안 했으니까, 그냥저냥 하루하루 최선을 다해 살아온 것이다. 앞만 보고 가다가 우리는 꼭 이렇게 소 잃고 외양간 고치는 어리석음을 범하며 살아가고 있다.

벌써 입원한 지 한 달이 다 되어간다. 코로나바이러스로 인해 병문안도 허락하지 않아서 많이 답답했는데 서서히 회복 중이라는 문자를 받아서 그나마 다행이다. 이번 기회에 그저 아무것도 아닌 평범한 일상이 얼마나 행복한 건지, 두 발로 걷고 마음대로 숨 쉴 수 있는 이 건강이 얼마나 감사한지 절실하게 깨달았단다.

나도 살면서 잠시라도 쉬었다 가야지. 내 건강을 챙기며 살아야지 하면서도 그게 쉽지 않았다. 여태까지 해오던 집안일과 회사 일에 내가 제동을 걸면 바퀴 하나 빠진 자동차가 쓰러질 건 뻔하다 싶어 그럭저럭 살아왔다. 언제 어디서 복병을 만날지 모른 채 다들 그러려니 하고 살아간다. 여기저기 잔병쯤이야 나이 들면 다 그렇겠지 하며 막상 중병이 아니니 참으며 살아가고 있다. 그게 지금의 내 삶이고 우리네 삶일 것이다.

이만큼 살다 보니 깨닫는다. 최선을 다해 열심히 사는 것만이 정답이 아니라는 것을, 늘 의식적으로라도 행복한 삶의 의미가 무엇인지를 생각하며 살기를, 알면서도 제대로 실천하지 못하는 것이 또한 삶 이러니 싶다.

1시간 30여 분 만에 사무실에 도착했다. 여전히 찻잔은 "잠시 휴식을 취하십시오."라고 차 한 잔을 건넨다.

어떤 판결

 이건 분명 집단 성폭행 사건이다. 암탉 한 마리가 순식간에 수탉 밑에 깔렸다가 부르르 진저리 치듯 몸을 떨며 일어난다. 겨우 일어나나 싶었는데 저 멀리서 또 다른 육중한 오골계 수탉이 번개처럼 뛰어온다. 암탉은 살기 위해 필사적으로 도망쳐보지만 수탉은 잡힐 때까지 따라붙다가 순식간에 덮친다. 마치 어릴 때 말타기 놀이하듯 암탉의 등위로 재빠르게 올라타더니 좌우 균형을 잡기 위해 암탉의 양 날개를 거칠게 짓누른다. 휘청하며 다시 주저앉는 암탉의 불완전한 울음소리가 찢어진 녹음테이프를 틀어놓은 듯 지지직거린다. 살려달라고 애원하는 소리에 대나무 가지를 꺾어 수놈을 후려쳐보지만 수놈들은 아무 일 없었던 것처럼 유유히 흩어진다.

　부들부들 떨리는 다리에 치욕을 감춘 채 겨우 일어난 암탉은 몰골이 부끄러워 얼른 대나무 숲 속으로 종적을 감췄다. 아뿔싸! 증거라도 남겼어야 했는데 눈 깜짝할 사이라 놓친 것이 아쉽다. 오로지 나 혼자만이 유일한 목격자가 된 셈이다.

　벼르고 벼뤘더니 저러다 암탉을 죽음에 이르게 할 수도 있겠다 싶어 마음이 바빠졌다. 수탉을 피해 먹는 것도 마다하고 횃대에 앉아 있거나 알집에 숨는 경우가 허다했다. 그러다가 병들어 죽는 숫자보다 수탉의 시달림에 죽어가는 숫자가 더 많다고 흔히들 말한다. 구애 행동을 꼭 그렇게 야수처럼 돌변해야 가능한지 한번 물어나 보고 싶다.

　이대로는 안 되겠다 싶어 사료 한 바가지를 퍼와 모든 닭들을 빈 하우스로 유인하여 가뒀다. 그리고 죄가 없는 닭들을 하나씩 풀어주고 평소 버릇이 나쁜 볏이 검붉고 윤기 나는 토종수탉 2마리와, 죄질이 아주 나쁘면서 얼굴만 반반한 오골계 수놈 3마리만 남겨놓았다.

　"요놈들아 너희들을 집단 성폭력범으로 체포해야겠다. 묵비권을 행사할 수 있고, 너희들의 발언은 법정에서 불리하게 작용할 수 있으며 변호인을 선임할 권리도 있단다. 그런데 양심이 있는 놈들이라면 잠잠히 있는 게 나을 거야 요놈들" 마치 미란다 원칙을 알려주듯 알아듣지도 못하는 닭들에게 큰 소리로 중얼거려 주고 문을 잠갔다. "이건 생리적인 현상일 뿐인데 이런 억울한 일이 어딨냐?"라고 항의하듯 거친 울음소리로 온 동네가 떠나갈듯 시끄럽게 악을 쓴다.

  건강한 유정란을 먹으려고 웬만하면 눈감아 주었건만 이건 도가 지나쳐도 너무하다 싶었다. 어떻게 암탉 등줄기가 다 벗겨지고 머리털이 다 뽑히도록 괴롭히는지 아무리 동물이라 해도 이해가 안 된다. 계절이 바뀌어 상처가 다 아물 때쯤이면 새살이 돋는가 싶어 마음 놓으면 어느새 등줄기가 또 벗겨져 있다. 참을 수 없는 화가 솟구친다 라는 말이 이럴 때 쓰는구나 싶다.

  그런데 참 희한한 일도 있었다. 암탉 여러 마리 중에 유독 한 마리는 등이 벗겨진 적이 없이 늘 몸이 단정했다. 그 암탉은 수탉에게 매력이 없는 건지 자기 관리를 철저히 하는 건지 알 수가 없지만 언제 봐도 보무가 당당하고 아름답기까지 하다. 가만히 보면 수놈들은 어딘가 약한 구석이 있거나 허점이 보이는 아이들을 괴롭히는 것 같았다. 그렇다고 피해를 당한 암탉들에게 먼저 꼬리 친 거 아니냐? 안 그러면 처신을 어떻게 하고 다녔길래 그 지경이 되었느냐고 말했다가는 2차 피해를 당했느니 상처를 줬느니 하는 세상 여론처럼 상처에 소금 뿌리는 격이 될까 봐 말도 못 하고 그저 답답할 지경이었다.

동물이라 그저 자연적인 현상이라 생각하면 그만일 것이다. 하지만 등줄기가 다 벗겨져 맨살이 벌겋게 보이는 것을 보면 심심찮게 보도되는 집단 성폭력 사건이 생각나서 온몸이 부르르 떨린다.

수탉이 많아 하루에 수도 없이 그런 수모를 당해야 하는 숙명을 가진 암탉을 볼 때마다 진저리 쳐졌다. 마치 사람들이 겪는 것처럼 볼 때마다 분이 가라앉지 않았다. 진작에 수탉을 한 두 마리 남겨두고 잡아버렸어야 했는데 생명인지라 함부로 칼을 댈 수가 없었고 더군다나 직접 먹이를 주며 키운 것들이라 차마 어쩔 수가 없었다.

닭장에는 암탉 13마리에 수탉이 8마리나 된다. 보통 유정란을 만들기 위해서는 암탉 8-10마리에 수탉 1마리가 적당하다 들었다. 그러나 수탉이 너무 많다. 잡을 수도 없고 팔 수도 없는 정말 진퇴양난이다. 재미 삼아 키우다 부화까지 했는데 하필이면 수탉이 너무 많이 부화된 까닭이다. 그런데 자세히 보면 일반 토종닭은 그래도 양반이다. 암탉을 힘들게 하지만 집단으로 한 암탉만 괴롭히는 일은 없다. 그런데 이 오골계란 놈들은 어찌 된 일인지 인정사정 봐주지 않는다. 수탉들이 언날아 한 암탉을 괴롭힐 때도 많다. 마치 인면수심의 인간 세계를 보는 듯 괴롭다.

일단 가둬놨으니 안심이지만 언제까지 가둬놔야 할지 사실 나도 모른다. 양계에 경험이 없어서 아무런 계획이 없다. 소위 말해 무기징역 시킬까 전자발찌라도 채워서 내보내야 할까 고민이다.

인간 세계는 어떤가. 인간들의 세계도 만만치가 않다. 성인들의 대량 성매매 알선 사이트가 해마다 늘어나고 더 내려가 중고생들에 의한 비윤리적인 범죄가 점점 그 횟수가 늘어난다. 언론마다 크게 떠들어대면 부끄럽고 무서울 텐데도 왜 해마다 성범죄가 끊이질 않는지 답답하다. 급변하는 사회경제에 치여 메말라가는 정서가 이 사회를 삭막하게 만들어가고 있어서일까. 아니면 점점 도덕성이 결여되어 가는 것일까.

아직도 잊히지 않는 2004년 밀양 여중생 집단 성폭행 사건이 가장 끔찍한 사건으로 기억된다.

밀양에 있는 서너 개의 고등학교 3학년 남학생들이 채팅으로 만났던 울산의 한 여중생을 몇 개월간 수차례 성폭행을 한 사건이다. 당시 18세였던 고3 아이들이 돌아가면서 윤간을 저질렀던 끔찍하고 잔인했던 당시 큰 이슈가 된 사건이다. 그 여학생의 동생과 친구들에게까지 폭행과 금품 갈취를 했으며 가해자가 무려 44명이나 되었다는 보도도 있고 100명이 넘는다는 보도도 있었다. 일부 가해자들이 휴대폰 카메라로 촬영한 동영상의 유포로 일본, 미국, 중국, 유럽 등에 확산되어 국제적인 문제로도 번졌다.

이 사건은 일부 가해자들과 그의 부모들은 반성 대신 피해자들에게 협박 폭언을 했으며 반성 없는 뻔뻔한 태도를 보였다는 문제로 사회에 큰 파문을 일으켰다. 그러나 무슨 이유인지 처벌은 흐지부지하게 마무리되어 네티즌들의 원성이 대단했었다. 10여 명만 소년부로 보내 전과조차 남지 않는 상황이 되었다니 참으로 개탄스럽다.

더군다나 피해자에게는 2차 피해가 끊임없이 일어나고 있어서 그 피해는 상상을 초월했다고 들었다. 피해자를 죄인처럼 대하는 모순적인 사회적 시선도 그렇고 바르지 못한 가정교육으로 불건전한 피해자의 행실로 범죄의 원인을 제공한 것 같은 수사관의 폭언, 규탄 일변도의 인신공격성 글이 인터넷을 통해 확대 재생산되면서 명예를 훼손하기에 충분했다.

이런 사건들은 어쩌면 영원히 없어지지 않는 우리 사회의 한 단면일지도 모르겠다. 하루빨리 성의 인식도가 높아져 건전한 성 문화가 정착되기를 빌어보는 수밖에…….

외국에서는 아무리 청소년이라도 성범죄자의 경우 엄중 처벌을 한다고 들었다. 우리나라에는 만 14세 이하는 촉법소년이라 하여 범죄기록에도 남지 않고 처벌은 아주 미흡하다. 적어도 인간의 피가 흐른다면 그럴 수는 없는 것이다. 인간이길 거부하는 동물들이 저지른 것과 똑같이 하고 있으니 사람의 본성은 어디까지 악할까 가끔 그 끝이 궁금해진다.

괜히 지난 기억을 더듬다가 가슴만 다시 답답해진다. 언제쯤 성범죄로부터 안전한 나라가 될 수 있을까.
그나저나 이 놈들에게 어떤 판결을 내려야 하나 고민이다. 현행법상 윤간은 무기징역까지 선고할 수 있는 중죄에 속한다는데…….

오래 된 비밀

　네 식구가 오랜만에 저녁 식탁에 모였다. 추석이 얼마 안 남았다고 이야기하는 중에 갑자기 생각나는 비밀 하나를 꺼냈다. 이십 년도 더 되어 부끄러움의 유통기한을 넘긴 이야기라 슬그머니 꺼냈다.

　어느 해 추석이 코앞인 거리엔 추석준비 하기 위해 사람들로 붐볐다. 차를 몰고 집으로 가던 길에 어떤 남자가 차를 세우더니 백화점 들어가는 생선이 갑자기 취소되는 바람에 생물이라 싸게 판다며 구경하라 했다. 싱싱한 대구와 전복, 그 외 이름 모를 생선이 상자에 가득 담겨 있었다. 생선 볼 줄 아는 안목이 좁은 나는 그만 장황하게 늘어놓은 생선 장수의 말에 횡재라도 한 양 덥석 사고 말았다. 두 상자에 가득 담겨 있는 생선 값이 어느 정도인지를 가늠할 수조차 없는 내 주부 경력에 지갑을 다 털어 사고 말았다. 하필이면 그때 지갑에 13만 원이 들어있을 게 뭐람? 나중에 안 사실이지만 한 상자에 몇 만 원이면 될 것을 집에 와서 생선을 다듬어보니 먹을 것은 제대로 없고 버리는 게 반이었다. 그것도 값싼 생선이라고 했다. 하지만 그때까지 그냥 잘못 샀다는 생각이었지 사기꾼에 걸려들었다는 것을 몰랐다.

그 다음 날 텔레비전에서 내가 당했던 방법과 똑같은 방법으로 생선사기단이 추석 대목에 극성이라며 방영되고 있었다. 어이가 없었다. 쥐구멍에라도 들어가고 싶은 부끄러움에 아무도 모르게 혼자서 끙끙 앓다가 이제야 식구들 앞에 내놓았다. 이제 유효기간이 지나 발효된 부끄러움이라 식구들에게 고해성사를 하듯 조심스럽게 비밀을 꺼냈다.

그러자 남편 역시 삼십여 년 전의 비밀 하나를 이때다 싶었는지 당당하게 꺼낸다. 청년 시절, 그때도 추석을 앞두고 친구와 길을 가는데 백화점에서만 파는 물건이고 당시 유행했던 유명 업체의 옷이라고 팔더란다. 현금 유통이 안되어 거리에 나와 싸게라도 판다는 유혹이 가난한 고학생의 결핍된 메이커 옷의 향수를 이끌어 내기에 충분했겠지. 거금 8만 원을 지불하고 유명메이커의 추석빔을 샀다며 행복해했는데, 알고 보니 사기였다는 것이다. 평소 늘 내게 물러빠져서 세상을 어떻게 살 거냐고 핀잔을 밥 먹듯 하던 남편도 별 수 없었단 생각에 나는 음흉한 미소로 듣고 있었다. 나만 당한 게 아니라는 보상심리로 복수를 갚았다 싶어서 괜히 우쭐해지기까지 했다.

빙그레 웃고 있던 큰아들도 이때다 싶어 부끄러움을 묻혀 가리려는 듯 재빨리 지난 실수를 내놓으며 이야기를 이어간다.
"입대하기 전 병무청에서 볼일을 보고 나오다가 건장한 청년 하나가 앞을 가로막았어요. 그 남자의 여자 친구집 대문 초인종을 대신 눌러주면 고맙겠다고 하면서 여자 친구의 어머니가 자기 목소리를 알아서 싫어한다며 공손하게 부탁하지 뭐예요. 아무 의심 없이 그게 뭐 힘드겠나 싶어서 잠시 따라가는 중에 퍼뜩 정신이 들었어요. 아이쿠. 요즘 세상에 휴대폰으로 불러내면 되지 무슨 쾌쾌 묵은 초인종 같은 소리였나 했죠. 그때 청년은 흉기를 꺼내어 조용히 가자 하드라구요. 어떤 주택가 한적한 골목으로 몰아넣은 뒤 가진 돈을 다 내어

놓으라고 위협하는 거예요. 지갑에 있는 돈 오만 원을 고스란히 빼앗겼어요. 제 전 재산이었는데 어쩔수 없었어요. 일단 벗어나야 했기에.. 그나저나 연일 매스컴에서 사기에 걸려드는 사람들을 보면 한심하기 짝이 없었는데 정작 내가 당하리라고는 상상도 못했어요. 자존심이 너무 구겨져서 아무에게도 말 못했어요."

처음 듣는 나는 부끄러웠을 아들보다 놀랐을 아들이 더 안쓰러워 그때 다치지 않았느냐고 다그쳤다.

시계방향으로 돌면서 각자 비밀 한 가지를 말하게 하는 오락처럼 감춰뒀던 비밀 이야기가 돌아가자 맨 끝에 앉은 막내아들이 한마디 거든다.

"쯧쯧 다들 별수 없군요. 저한테는 늘 빈틈없는 것처럼 잘난 척 하시드만,"

그러자 우리 가족은 폭소가 터졌다. 한바탕 크게 웃었더니 명치끝에 오래 얹혀 있던 체증이 내려간 것처럼 시원했다.

인간은 완벽하면 재미가 없다. 조금은 부족해야 끊임없이 빈 곳을 채우려고 노력을 한다. 상대방이 너무 완벽하게 꽉 차 있으면 내가 들어갈 자리가 없어 답답하다. 조금은 허술

하듯 여백이 있어야 그 여백으로 들어가 쉴 수 있어야 곁을 내 줄 수 있다. 그래서 난 여전히 남편에게 무르다고 놀림 받지만 그래도 여백이 있는 사람이 참 좋더라.

해아래 영원한 것은 없나니

 봄빛이 4월 들어 무섭게 진군해 온다. 대문 앞 벚나무 앞에서 거친 숨을 몰아쉬며 과녁을 향해 실수 하나 없이 벚꽃 망울을 향해 화살을 조준하면 화살은 정확하게 꽃망울을 터뜨린다. 삽시간에 거대한 솜사탕 나무가 되면서 봄빛을 과잉 복용한 4월은 대낮처럼 환해진다.
 해마다 봄이면 그 환한 자태에 눈부셔서 지나가는 사람들의 마음을 헤집어놓는다. 짧은 봄이 꿈결 인양 사라질까 봐 아쉽다고 난리다. 그래서 사진을 찍고 또 찍는다. 그 환희가 사라질까 봐 안달이 난다. 단 며칠 만에 그렇게 황홀하던 하얀 꽃잎은 바람이 야금야금 솜사탕 먹듯 먹어버리면 속절없이 지고 마는 것이다. 허무하다 못해 배신감마저 든다.

꽃잎은 바람에 이리저리 함박눈처럼 뒤엉켜 있다가 그것도 어느새 바람이 끌고 가버리면 언제 흔적도 없이 사라지고 가지마다 연둣빛 싹이 난다. 그러다 5월이면 빨간 앵두 같은 버찌가 주렁주렁 달린다. 버찌야 연둣빛 이파리에 가려 빨간색으로 유혹을 해봤자 그 이미지가 두드러지지 않는다, 시들해진 버찌도 얼마 안 가 바람에 죄다 떨어지면 발에 밟혀 얼마나 지저분한지 말로는 표현하기 어려울 정도다. 매일 아침마다 발에 밟혀 짓물러버린 버찌를 치우느라 해마다 투덜거린다. 씨앗이 말라 땅바닥에 붙어버려서 빗자루에도 잘 안 쓸리니 여간 고생이 아니다.

마당 정원에 심어놓은 다른 봄꽃들은 그래도 몇 달은 견딘다. 특히 프리뮬라나, 데이지, 마가렛을 봄볕 아래 심어놓으면 초여름까지 기염을 떠는데 벚꽃은 고작 며칠이다. 하지만 거대한 솜사탕처럼 환희의 절정은 벚꽃만 한 것이 또 있으랴. 그 잠시 동안의 환희를 결코 못 잊어서 해마다 4월을 설렘으로 기다린다.

아무리 영화로운 시대라도 영원한 것은 없다. 우리 인간의 삶도 그러하리라. 해 아래 영원한 것은 없을 진데 우리는 그 짧은 인생에서 어리석게도 발버둥을 치며 살아간다. 더 가지려고, 더 높아지려고, 더 젊어지려고 바둥거리며 살아간다. 분명 생명은 유한하다는 걸 알면서도 욕심에 눈멀고 귀 달아 버린다.

어릴 적, 제일 많이 하던 놀이 중의 하나가 "땅따먹기"라는 놀이가 있다. 먼저 땅에다 팔을 좌우 한 껏 벌려서 정사각형 선을 그어 사각형 면적을 만든다. 그리고 각 네 개의 면을 기준으로 한가운데쯤에서 왼 손 엄지손가락을 축으로 하여 반달 모양으로 그린다. 마치 부채를 펼친 것 같은 모양이 각자 자기 집이 되는 것이다. 가위 바위 보를 해서 이긴 사람이 자기 땅을 넓혀 나간다. 동전만 한 납작한 돌멩이를 자기 집에서 엄지와 중지를 동그랗게 말아서 돌멩이를 튕긴다. 세 번만에 자기 집으로 들어오는 궤적을 따라 그으면 자기 땅이 되는 것이다. 최대한 멀리 튕겨야 많은 땅을 확보한다. 그렇다고 너무 욕심을 부리면 사각형 밖으로 나가버리거나 상대 진영으로 들어가면 허방이다. 그때 한 치라도 땅을 더 많이 차지하려고 어린 손가락을 한껏 늘여서 찢어지도록 그린 기억이 잊히질 않는다. 땅이 차츰 넓어지면서 차오르는 가슴 벅참은 어른이 된 지금까지도 가슴 한편에 뚜렷하다. 마치 내 땅이 생긴 것처럼 배가 불렀다.

언젠가 내 이름으로 해운대에 오피스텔 한 채를 구입했다. 최초로 나 혼자만의 자산이 생긴다는 것은 예나 지금이나 벅찬 일이었다. 괜히 든든해지는 하나의 보루를 가진 것 같은 기분에 행복했었다. 이처럼 누구라도 자기 것을 가지고 싶어 하는 욕망은 기본이다.

땅따먹기 놀이는 제일 많은 땅을 차지하는 친구가 그날의 승자가 된다. 그래서 가능하다면 정 사각형의 범위 안에서 최대한 자기 땅을 확보하려고 긴장상태가 팽팽했다. 최대한 욕심을 버려 차근차근 넓혀 나가야 실수가 적다.

그러다가 여름날 늦은 어둠이 한지에 물들듯 다가오는 줄도 모르고 땅 따먹는데 몰입할 때면 "○○아 저녁 먹자"라는 엄마들의 목소리가 들려오면 우리는 하던 짓을 그만두고 손을 털며 일어서야 했다. 지금까지 열심히 따 놓았던 땅은 다 소용없었다. 아무리 많은 땅을 차지하더라도 그 땅은 그걸로 끝이기 때문이다.

그렇다.

우리는 언제 어디서든 하늘에서 부르면 하던 일을 그만두고 돌아가야 한다. 모든 것을 내려놓아야 하는 것이다. 아무것도 가져갈 수 없는데도 우리, 그때가 되기 전에는 깨닫지 못하는 미련퉁이다. 한낱 벚꽃의 순간적인 절정처럼 잠시 잠깐인데도 내려놓지 못하는 평생 고질병을 안고 살아가야 한다.

벚꽃이 절정을 이루는 사월이다. 출근길에 지인이 보내준 드론으로 찍은 해운대 달맞이길 벚꽃터널 영상을 봤다. 마치 뿌리 염색을 할 때가 다 된 내 머리의 가르마처럼 하얀 꽃길이 끝없이 펼쳐져 있다. 출근하다 말고 달려가고 싶었다. 코로나 소식이 연일 최고치를 달리며 우리의 마음을 우울하게 하지만 그래도 대자연이 주는 기쁨으로 순간순간 위로를 받으며 오늘을 즐겁게 살 일이다.

벚나무 가지에 앉은 까마귀가 유난히 출근길을 반기는 아침이다.

나도 시어머니가 되었다구요

　4월 따뜻한 봄날, 큰아들의 결혼식이 있었다. 드디어 나도 시어머니가 된 것이다. 코로나바이러스와의 전쟁 중이지만 고민 끝에 결정한 것이라 그대로 진행을 했다. 작년 가을, 상견례 할 때만 해도 봄에는 일상화될 줄 알았지 이렇게 질길 줄 몰랐다. 더욱이 결혼식 하루 전날 부산은 코로나 1.5단계에서 2단계로 격상되기까지 했다. 이런저런 걱정으로 답답했는데 2단계 격상 소식을 접한 멀리 있는 친척들이 하나같이 걱정을 보탠다. 식당에 양가 합해 58명만 입장이 된다면 먼 거리를 다녀가는 의미가 없지 않냐길래 고민하는 척하다 무리하지 말라는 애매한 대답만 해놓고 나니 속상하기도 하고 허전하기도 했다. 하루 평균 500여 명의 확진자가 연이어 나오는 시대에 결혼식을 한다는 자체가 무리지만 더는 미루어서도 안 될 일이었다. 어차피 시간은 흐르고 해결은 된다는 마음으로 결혼식 당일 새벽 4시에 일어나 부전동에 있는 미용실로 갔다.

하지만 그 용감한 생각의 틈새를 비집고 돌아나는 부정적인 생각은 항상 있게 마련이다. 얼마 전 결혼식에 다녀온 친구 말에 의하면 코로나가 아무리 무서워도 그렇지 하객이 너무 없어서 하객 없는 희한한 풍경이 생겼다는 것이다. 우리도 그런 상황이면 어쩌지 하는 온갖 생각이 들락거린다. 살면서 늘 작은 결혼식을 생각했으면서도 막상 닥치고 보니 사돈과의 의견도 맞아야하고 무엇보다도 개혼이고 소신있게 과감하게 추진할 용기가 없었다. 그러다보니 또 체면이라는 쓸데없는 생각이 슬금슬금 올라오면서 복잡미묘한 감정들이 일어난다. 그래서 사람들이 일당을 주고서라도 하객으로 앉혀놓고 싶단 말을 하는구나 싶었다.

예식 시간은 오전 11시였다. 한 시간 전까지는 예식장에 도착해야만 했다. 굳이 혼주 화장을 마다한 남편은 내가 일러준

비비크림을 바른 탓인지 얼굴에 돋아난 검버섯이 가릴 듯 말 듯 한 모습에 긴장감이 역력했다. 양복이라면 질색을 하는 둘째 아들도 연신 넥타이를 고쳐 매며 축의금 테이블 앞을 왔다 갔다 하고 있었다.

아직 한 시간이나 남았는데 하객들이 하나둘 들어오기 시작했다. 코로나가 새로운 풍경을 만들어 냈다. 결혼식 한 시간 전쯤에 도착해서 혼주들에게 눈도장만 찍고 결혼식장을 빨리 빠져나가는 것이 코로나로부터 안전을 지키려는 것이다. 꼭 가봐야 하는 사이라면 아마도 그 방법이 최선일 거라는 생각을 하나 보다. 그것도 어쩌면 지혜로운 방법일지 모른다.

그래도 그런 분들에게는 반갑게 인사라도 할 수 있어서 다행이다. 사진도 찍고 마주 보고 이야기라도 나눌 수 있었다. 그러다가 어느 순간 밀물처럼 밀려오는데 손은 앞사람과 맞잡고 눈길은 뒤이어 오는 사람에게 줘야 하는 그런 풍경이 돼 버리니 정말 처음 겪는 일이라 난처했다. 각자 자기 손님맞이 하느라 내가 상상했던 세 사람(나, 남편, 아들)이 나란히 서서 맞이하는 풍경은 어디 가고 없었다. 이러다 우리가 준비한 식권과 답례 편지가 모자랄지도 모른다는 불안감이 계속 따라다녔다.

청첩장을 준비하면서 꼭 축하해 줄 하객 명단을 적어봤는데 이런저런 이유로 가지를 쳐내고 보니 남은 숫자는 초라할 만큼 적었다. 그제야 내 살아온 삶이 보였다. 바쁘다고, 때론 멀다고 온갖 핑계로 축의금만 전달 한 곳이 너무 많았고 평수에 인간관계를 진정한 사랑으로 하지 않았다는 자괴감마저 들게 했다. 평소에 잘 살 걸, 후회도 했다. 그래서 우리 인간관계에 맞게 내 딴에는 넉넉하게 준비했다 싶은데도 줄 서 있는 하객 숫자가 만만찮아 보였다.

그 후 얼마나 많은 하객이 다녀갔는지 식권과 답례 편지가 얼마나 모자랐는지는 모른 채 결혼식 속으로 떠밀려 들어갔다. 마치 한바탕 꿈을 꾼 듯 순식간에 지나갔다. 정신 차려보니 뷔페 장소로 순간이동이 되어 있었다. 식사하시는 분들이 여기저기 무리 지어 계셔서 고루 다니며 인사를 드리고 나니 비로써 끝이 보였다.

그러나 아직 끝나지 않은 문제가 있었다. 아무리 포스트 코로나 시대에 5인 이상 모임 금지라지만 먼 데서 온 친정과 시댁 손님들을 그냥 보낼 수가 없었다. 우리 회사라도 가서 마당과 게스트룸, 사무실까지 공간을 나눠서라도 다과를 대접하려고 함께 출발했다.

돌아오는 차 안에서 오늘의 총책임자인 둘째 아들이 엄살을 한바탕 부린다. 전쟁도 이런 전쟁은 처음이란다. 준비한 식권과 답례 편지는 동이 나버리고 실질적인 책임자인 부모님은 결혼식장으로 들어가셨고 하객들은 줄을 서서 자기만 바라보고 있고. 추가로 식권 구하느라 사무실과 식당으로 뛰어다니며 겨우겨우 해결했다면서 엄살을 부린다. 결혼식을 치른 게 아니라 한바탕 전쟁을 치렀구나 싶었다.

하늘엔 비를 가득 머금은 구름도 신혼부부에게 축하하느라 본분을 잊었는지 오후가 되어서야 비를 뿌려댄다. 길고 긴 결혼식의 대장정은 정말 끝났구나 싶어서 내게 날개가 있었다면 하늘을 날고 싶었다.

일주일간 제주도로 신혼여행을 보내고 나니 밀린 숙제를 다 한 기분이었다. 한 것도 없으면서 괜히 마음만 부산하게 바쁘고 거기다 몹쓸 코로나바이러스가 외줄 타는 어름사니처럼 온 신경 세포 하나하나가 긴장의 외줄을 타게 했다. 꿈같은 일주일이 얼마나 빠르게 흐르던지 아이들이 돌아온다는 주일이 다가오자 또다시 바쁘기 시작했다. 아직 마련한 신혼집이 입주 준비가 안 되어 당분간 회사 게스트 룸에서 지내기로 했기에 아이들이 지낼 모든 것을 갖춰줘야 했다. 간단한 밑반찬을 몇 가지 만들고 침구류와 청소도구 등등 준비해 놓고 나니 어른 되기가 어렵고도 뿌듯했다.

드디어 나도 시어머니의 명패를 가슴에 단 걸까. 벌써 마음 안에 시시비비가 일어나고 있었다. 신혼여행 다녀온 두 아이의 옷차림이 약간 눈에 거슬렸다. 요즘 젊은 사람들의 사고는 생각도 않고 캐캐 묵은 우리 시대의 사고방식으로 마치 여학교의 기숙사 사감처럼 빠른 스캔으로 위에서 아래로 훑어 나갔다. 물론 하루 전날 처가댁에 머물고 오느라 간편한 옷차림이라고 이해를 하다가도 그래도 그렇지 결혼 후 시댁에 오는데 운동화에 평상복 옷차림이라니 하는 마음부터 튀어나온다. 한복은 아니더라도 정장 분위기의 옷이라도 입지. 그리고 둘 다 운동화가 뭐냐 싶은 마음이 일면서 은근 열이 났다. 내 딴에는 소위 "라떼는 말이야"라는 꼰대가 되기 싫어 무작위로 튀어 오르는 심술 두더지를 방망이로 때려 누르듯 눌렀다.

아무리 그래도 첫날부터 심술을 표시 내면 안 될 것 같아 포커페이스로 단단히 무장했다. 첫날 집으로 함께 와서 하룻밤을 재웠더니 섭섭하던 마음은 어디 가고 다 녹아버린다.

인간의 내면에는 누구나 지킬박사와 하이드처럼 선과 악, 천사와 악마의 두 가지의 본능이 있다. 내게도 드디어 그 두 가지의 본능이 들락날락한다는 걸 느낀다. 나도 시어머니가 됐기 때문일까. 나는 절대 그런 시어머니가 안 될 거라고 다짐도 했다. 나같이 착한 시어머니가 어디 있겠냐고 나 스스로 자화자찬을 하곤 했었다. 하지만 나도 그 시어머니의 올가미에 갇혀가고 있다는 것을 느낀다.

원래 시어머니라는 단어는 부정적인 이미지가 그려진다. 흔히 하는 말로 '며느리를 딸처럼 여기겠다' 라는 말을 절대 믿지 말라 한다. 그 말은 쉽게 식구로 받아들이기가 어렵다는 말일 게다. 시아버지는 식구 하나 늘었다며 며느리를 예뻐하지만, 시어머니는 아들을 혼자 독차지하다가 며느리에게 뺏겨 겉으로는 예뻐하지만, 속으로는 섭섭한 게 시어머니의 마음이라더니. 그렇다면 프로이트가 말한 3~5세 아이들이 겪는 그 오이디푸스 콤플렉스 비슷한 것을 내가 겪기라도 하는 것일까. 온전히 내 아들이었을 때가 좋지 며느리에게 뺏겼다고 생각하는 흔히들 말하는 시어머니가 바로 나란 말인가. 잠시 잠깐 시어머니의 심술이 들락거렸다는 것에 대해 나도 별수 없구나 싶었다. 다 마음먹기 나름이거늘…….

갑자기 바뀐 환경이 얼마나 불편하고 어색할까. 환경이 바뀐 곳에서 이제 모든 생활의 주체가 되어 살아야 하는데 얼마나 마음이 분분할까. 지금까지는 친정엄마가 다 해 주던 것을 당장 그 모든 것을 직접 해야 하는데 내 딸이라면 걱정으로 바라봐야 할 시점에 시어머니의 마음보는 그 새 바뀌고 있으니 시어머니 명패만 달았지 마음보는 손바닥만 하다.

 이 모든 것이 꼬마 트로트 가수 정동원이 부른 '여백'의 가사처럼 "욕심 속 물감의 장난인 거지" 뭐. 다들 딸 같은 며느리란 있을 수 없다지만 그래도 나는 딸 하나 얻은 셈 치고 딸처럼 살아야지 마음먹는다.
 나태주의 '풀꽃'이라는 시에서 이런 말이 나온다.
 "자세히 보아야 예쁘다/ 오래 보아야 사랑스럽다/ 너도 그렇다"라는 말이 한 달여 지나니 이 말이 더 와닿는다. 정말 자세히 보니 참 예쁜 아이다. 마음 씀씀이도 그렇고 행동하는 것도 그렇고 조금 더 오래 보니 정말 사랑스러운 아이다. 무슨 일을 하든 이해하기 시작하니 다 예뻐 보인다. 다 마음먹기 나름이지 뭐. 이 마음이 영원했으면 좋겠다.

접속

    가을비가 내리는 토요일 오후, 집에서 "접속"이라는 영화를 보게 됐다. 때마침 식구들이 다들 외출 중이라 텔레비전을 나 혼자 차지 할 수 있었다. 혼자만의 여유가 너무 좋아 오늘만큼은 주부 역할을 폐업해 버리고 차 한 잔을 가지고 와 텔레비전 앞에 앉았다.

    채널을 이리저리 돌려보다 '접속'이라는 영화 제목이 왠지 끌렸다. 90년대 후반 유행했던 pc 통신 대화창인 채팅을 통하여 남녀 간의 사랑을 다룬 멜로영화였다.

    옛사랑을 못 잊어 폐쇄적인 삶을 살고 있는 방송국 피디인

동현과 친구의 애인을 짝사랑하는 케이블 홈쇼핑 가이드인 수현의 은은한 사랑이야기였다. "해피엔드"와 "여인 2"리는 아이디를 사용히며 채팅으로 데이트를 즐기는 이야기였다.

한 편의 수채화 같은 영상미가 압권이었다. 거기다 호소력 짙은 저음의 벨벳언더그라운드의 "pale blue eyes"의 음악도 영화의 백미였다. 아날로그가 만들어내는 느린 영상미에다 아련한 향수를 불러일으키는 소재가 많았다. 밤마다 컴퓨터에서 채팅으로 대화를 하는 장면이나 삐삐로 연락을 하면 즉시 공중전화기로 가서 연락을 하는 것이며, 상대방이 전화를 안 받을 때 그 집 전화기에 하고 싶은 말을 녹음해 놓는 대화 방식이 90년대 생활상을 엿보는데 충분했다. 연락할 방법이 없어 약속한 극장 앞에서 하루 종일 기다려도 억울하지 않은 그 여유와 설렘이 아련한 향수가 되어 그 시절로 돌아가고 싶게 유혹을 한다.

한 때 나도 PC통신인 채팅의 매력에 은근히 빠진 적이 있었다. 누구라도 채팅은 한 번쯤 다 해봤으리라 생각한다. 그 때의 채팅은 아이디 하나만으로도 접속이 가능했다. 전화번호를 모를 뿐 아니라 아이디만으로 대화를 할 수 있는 시대였다. 컴퓨터에서 나와 같은 시간에 로그인해 들어온 사람의 아이디는 불이 켜져 있어서 실시간으로 대화가 가능했다. 작은 네모 창에서 모르는 사람과 소통을 하면 새로운 세상을 만난 듯 즐거웠다. 또 한 사람의 삶이 내게 건너오는 것이니 모든 게 신선했다. 하지만 순기능만 있는 게 아니라 역기능도 있어서 얼마 안가 채팅창을 닫고 말았지만 지금도 그 시절의 그 호기심이 준 즐거움을 잊지 못한다. 지금은 카톡이나 문자로 업무용이나 친구들이 있는 단톡에서 공지사항으로 쓰일 때가 더 많다.

 세상은 빛의 속도로 변해 가고 사람이 하는 일을 기계가 거의 대신 한다. 이미 AI 시대가 우리 곁으로 왔다. 기계들이 이 세상을 점령하고 있어서 이제는 아련한 아나로그적 향수도 끼어들 틈이 없다. 애써 부르지 않으면 만날 수도 없는 향수와 두 시간을 질펀하게 놀았더니 어느새 영화는 끝이 나고 말았다.

 그 시절의 향수가 떠나기 싫은지 접속에 나오는 또 하나의 음악 Sarah vaughan(사라본)의 Lover's concerto(연인의 협주곡)을 들려주며 내리는 가을비 속으로 서서히 걸어 들어갔다.

뒷모습이 아름다운 사람

뒷모습이 아름다운 사람을 보면 앞모습은 어떤 모습일까 궁금할 때가 많다. 그래서 괜히 그의 앞을 앞질러서 슬쩍 뒤돌아보고 싶어진다.

요즘 종종 퇴근길에 남편과 함께 해운대 동백섬 산책길을 자주 걷는다. 늦은 봄 저물녘이라 삼삼오오 짝을 지어 걷느라 동백섬 산책길은 언제나 사람들로 가득하다. 한 바퀴를 걷는 데 약 9분 정도 걸린다. 다섯 바퀴쯤 돌면 45분 정도가 걸리고 운동량은 내 몸에 딱 맞다. 그래서 기회가 되면 동백섬 걷기를 좋아한다. 동백섬엔 거의 약속이라 한 듯 사람들은 오른쪽에서부터 왼쪽으로 돌기 시작한다. 그래서 일방통행인 셈이다. 그러다 보니 나는 사람들의 뒷모습을 보면서 앞모습까지 상상하며 걷는 버릇이 생겼다.

 오늘도 퇴근길에 동백섬을 걷는다. 오월이라 늦은 저녁햇살은 해운대 백사장을 평화롭게 걷고 있는 사람들의 실루엣을 마치 레이저로 불을 뿜어 내듯이 그림을 그리고 있었다.
 해운대 바닷가의 긴 백사장 끝까지 걸어서 동백섬 산책길에 들어서면 짭조름한 바닷바람이 해운대 송림을 쓸면서 불어오면 시원하기가 그저 그만이다. 입구에서부터 오른쪽 방향으로 걷기 시작하여 한 바퀴 두 바퀴 숫자를 세어가며 걷는다. 그러다 보면 거의 같은 보폭으로 걷는데도 앞사람이 늘 그 사람이 아니라 어디서부턴가 같이 걸었는지 알 수 없는 낯선 사람들로 교체된다.

 우리 앞에는 이제 막 돌을 지낸 듯한 여자아이가 기저귀를 찬 엉덩이를 뒤뚱거리며 앞서서 걷고 있는 모습은 덥석 안아보고 싶을 만큼 귀엽다. 하마터면 넘어질세라 뒤에서 연신 두 손을 벌리며 따르는 엄마의 뒷모습도, 한 발자국 뒤에서 유모차를 끌고 가며 세상 다 가진 것 같은 아빠의 모습도 행복의 아이콘으로 보인다.
 그들을 지나자 다시 우리 앞에는 한쪽 다리를 끌다시피 힘겹게 걷는 할아버지가 걸어가신다. 할아버지의 휜 등뼈를 바라보며 인간의 한평생을 생각하게 한다. 함께 보조를 맞추며 걷는 할머니의 뒷모습에도 정제되지 않은 애련의 강물이 흐른다. 나머지 삶은 부디 가볍기를 빌어주고 싶다.

그리고 다시 서너 발자국 뒤에는 후드티셔츠로 머리를 쓴 청년과 중년의 엄마가 낮은 소리로 대화를 나누며 걷는다. 며칠 전 아들을 육군에 보낼 때 논산훈련소 주변에서 많이 본 모습이다. 군 입대를 앞두고 훈련소 앞에서 방금 깎은 머리가 어색해 후드가 달린 짚엎 카디건을 입고 연신 손이 머리에 올라가는 어색한 예비 군인모습이다. 아마도 아들의 군 입대를 앞두고 모자간에 여행을 왔는지도 모른다. 이제 막 인생에서 남자로의 입문을 위로하는 엄마의 사랑과 떠나보내야 하는 안타까움이 버무려져 갑자기 내 안에 잠재되어 있던 아들에 대한 안부가 고개를 내밀게 한다.

몇 주 전 아들은 군에 가기 전 여행을 하고 싶다고 했었다. 갑자기 입대 날짜가 정해지는 바람에 함께 갈 친구가 마땅찮아서 엄마랑 가기를 원했다. 그런 아들을 두고 나는 사무실 일이 많아 며칠을 비울 수가 없어서 함께 가지 못했더니 마음이 시렸다. 모자의 뒷모습이 한참이나 내 시선에서 머물렀다.

이런저런 상상으로 동백섬을 돌다 보니 어느새 세 바퀴나

돌았다. 다시 우리 앞을 걷는 사람들의 뒷모습이 눈에 들어왔다. 이십 대의 남녀가 손을 잡고 걸어가는 사이로 비껴 흐르는 오후의 역광은 그들의 뒷모습을 아름답게 그려 냈다. 미끈한 뒤태가 그려내는 그림자는 더 아름답다. 싱싱한 젊음에 군살이 붙을 나이가 아니지, 나도 저럴 때가 있었지, 그런 상상하며 다시 보폭을 당겼다.

그러다가 남편보다 한 발짝 뒤로 물러서서 걷기 시작했다. 남편의 뒷모습이 내 눈에 들어왔다 지금까지 짓눌렀던 반생의 무게가 무거워 보인다. 그 무게를 감당 못해 옆으로 불룩하게 퍼져 나온 배는 감당할 수 없었던 삶의 무게일까? 굵어진 목둘레는 하고 싶은 말이 목에 가득 찬 탓일까? 흔드는 두 팔은 미래에 대한 희망의 돛을 달아 힘차게 나아가려는 듯 앞뒤로 세차게 젓는다.

그렇다면 나의 뒷모습은 어떤 모습일까? 가끔 집에서 거울로 뒷모습을 비춰 볼 때가 있다. 여기저기 울퉁불퉁 실루엣이 엉망이라 일부러 보지 않은지 몇 해가 된다. 욕심과 이기심과 질투로 가득 채운 불룩불룩 나온 허리둘레, 대충대충 변명으로 때우며 보냈던 무책임함들이 들러붙어 출렁거리는 허벅지, 세상의 유혹과 쾌락에 흔들렸던 흐트러진 걸음걸이. 바쁜

뒷모습이 아름다운 사람

시간을 쪼개어 나름대로 열심히 살았다고 자위하는 앞모습과는 너무 대조적이다.

미술의 기법 중에 도화지에 물감을 찍어서 종이를 반으로 접으면 양면이 정확하게 같은 모습으로 나오는 데칼코마니가 있다. 이 기법처럼 누구라도 앞뒤의 모습이 같다면 더할 나위 없겠지만 그렇게 살아내기가 어렵다는 것이 문제다. 하지만 적어도 심전도 체크기가 그린 심전도 그래프처럼 잠시 흐트러졌다 다시 되돌아오는 것을 반복하드래도 내 삶의 무늬가 균일하게 그려졌으면 하는 욕심이 든다.

이제 하늘의 이치를 알아간다는 지천명을 넘어 천지만물의 이치에 통달하고, 듣는 대로 모두 이해할 수 있게 된다는 예순의 나이가 멀지 않았다. 살아온 시간보다 살아갈 시간이 더 적지만 언제나 잘 가꾸어진 앞모습처럼 군더더기 없는 깔끔한 뒷모습을 그려보며 오늘도 삶의 비만을 체크한다.

집으로 돌아오는 길에는 두 다리에 힘을 주며 걷는다. 흔들림 없이 바른 길을 걷는 아름다운 뒷모습을 상상하며 힘든 삶은 뱃살을 불리고 하고 싶은 말은 목둘레를 늘릴 수 있다는 생각을 하며 걷는다.

공칠과삼功七過三의 정신

 교회에서 가족 구역장을 섬긴 지 4년째다. 그전에는 어디든 책임 맡는 일을 피하려고 요리조리 미꾸라지처럼 잘도 빠져나갔다. 핑계 없는 무덤이 없다지만, 굳이 변명하자면 일상의 삶이 늘 번잡하고 산만하다는 느낌을 지울 수가 없었다. 그래서 늘 영혼이 버석거렸다. 아침부터 저녁까지 회사에서 일하고 집에 오면 파김치가 된다. 그때부터 식구들의 저녁 준비, 설거지, 빨래, 청소 등등……. 회사 일과 집안일이 산더미 같아서 늘 바윗돌을 얹어놓은 듯 어깨를 짓누르고 있었다.
 거기에다 교회에서 맡은 곳도 많았고 취미 생활 하는 곳에서도 많은 일을 맡았다. 평소 쉽게 거절 못 하는 내 영혼이 문제였다. 타고나기를 그렇게 태어났으니 누구에게 원망하랴. 그러다 보니 소금에 절인 배추처럼 내 영혼은 피곤의 삼투압으로 점점 쪼그라들고 있었다.

따져보면 피곤과 바쁨만 있는 것이 아니라 보람과 행복이 훨씬 많았음을 고백한다. 물론 리더 자리는 전체를 위해 늘 신경을 써야 하고 앞서서 본이 되어야 하며 손해는 물론, 희생도 감수해야 한다. 왜 비싼 밥 먹고 내 일도 아닌데 남을 위해 이렇게 속 끓이느냐 싶다가도 구역원들에게 넘치도록 박수도 받고 나면 잘했다 싶어서 속상했던 마음과 힘듦은 말갛게 씻긴다. 한 뼘씩 성장하는 영혼은 덤이다. 하지만 내 마음속에는 왜 늘 언제나 "바쁨, 피곤"이라는 등불이 켜져 있는지. 그러니 구역장으로서의 자질이 턱없이 부족하다고 느꼈다. 그래서 가능하다면 미룰 생각이었는데 그렇게도 미루고 미뤘지만, 가족 구역장 역할이 요나의 제비 뽑기 당하듯 우리 부부에게로 돌아오고 말았다.

남편은 고기가 물을 만난 듯 무슨 일이든 일을 맡으면 최선을 다하면서 재밌게 한다. 구역장으로서 포부도 대단했다. 내 생각과는 반대로 구역원들의 기도 제목과 생일을 파일로 만들고 구역장 교육에서 배운 대로 6개월을 우리 집에서 매주 저녁을 준비하고 섬긴다는 것이었다. 그리고 수시로 구역을 이끌고 외부행사와 외식도 하겠다는 계획을 짰다. 나야 파김치가 되든 말든 내 형편을 무시하는 것이 야속해서 나는 내 마음속과 다른 말들을 쏟아 부으며 불을 지를 때도 있었다.

   그래 놓고도 억지로 하든, 소명으로 하든, 결국엔 지금까지 다 해내고 있었으니 분명 이건 생각의 차이였다. 모든 것이 마음먹기 나름이다. 마음먹고 하기 시작하면 곧잘 완벽하게 잘 해낸다. 그러면서도 무슨 일을 하려면 제일 먼저 심장 한 가운데로 부담이란 놈이 일등으로 달려온다. 그러다가 그 부담이 덕지덕지 겹쳐지면 스트레스를 가장한 부정적인 생각과 불평들이 또다시 목줄을 죄며 다가온다. 그러다가 은혜의 강물이 밀려오면 감사한 마음과 은혜로 가장한 선민의식으로 일을 다 처리해 놓고는 불평을 늘어놓는다. 그러기를 수 해째 이어오고 있다.

   그래서 요즘 자주 공칠과삼功七過三이라는 단어가 생각난다. 중국 덩샤오핑이 모택동의 행적을 평가하면서 그의 공功이 일곱 가지이고 과過가 세 가지인데, 공이 과보다 크기 때문에 그를 중국 근현대사의 최고지도자로 받들어야 한다고 주장한 것에서 유래한 말인데 이는 인생만사에 공과 과, 득得과 실失, 미美와 추醜의 상반된 면이 공존한다는 만물의 진리를 가리키고 있다고 한다. 그러니까 우리는 살아가면서 3밖에 안 되는 불행을 자꾸 크게 부풀리어 불행하고 힘들다고 생각되고 훨씬 많은 7의 행복을 발견 못 하는 어리석음을 곧잘 범한다는 교훈이다.

　모든 것은 내 안에 있다. 어떻게 마음먹느냐에 따라 행불행으로 나뉜다. 나 또한 지금까지 살아온 길을 되돌아보면 분명 감사가 7할이 넘는다. 구역장도 마찬가지다. 구역원들을 섬기다 보면 분명 희생하고 손해 본 것 같지만 결국엔 받은 복이 더 많다. 특히 내 영혼이 풍성해진다. 누군가를 위해 내 안에 샘물을 퍼내고 나면 바닥이 보일 것 같아서 불안하다가도 어느새 더 맑고 투명한 샘물이 고여 있는 걸 발견한다. 그런데도 사람은 참으로 간사한 것이라 금방 그렇게 경험했으면서도 또 다른 일에서 귀찮은 일이거나 신경 쓰이면 금세 마음이 먼저 안면을 바꾸려 한다. 그래서 옛말에 연장은 고쳐서 쓰면 되지만 사람은 고쳐서 못 쓴다는 말이 있다. 타고나기를 그렇게 성향이 정해지는 것이라 바꾸기가 힘들다고 하는 것이리라.

그러나 끊임없이 노력하다 보면 "생계형 MBTI"(융의 심리 유형을 근거로 한 심리검사)가 있다고 한다. 원래 타고난 성향이 약하지만, 생계를 위해서 노력하면 마치 다른 성향처럼 나타난다는 뜻이다. 그렇게 해서라도 긍정적인 마인드로 행복하려면 끊임없이 배우고 노력할 일이다.

요즘에는 내 안에 있는 7할(긍정)의 마음에게 언제 또 부정적인 3할의 마음들이 자랄지 몰라서 이렇게 자주 외쳐본다.

"아직도 이 나이에 일 할 곳이 있구나. 아직도 내 도움이 필요로 하는 곳이 있구나, 아직도 내가 헌신하고 섬길 수 있는 건강 있구나. 아직도 내가 먼저 베풀 수 있는 재정이 있구나."

제 4 부

동그라미

아침 밥상에 놓인
메추리알 조림과 포도송이를 담은
접시를 본 아빠가
"아들! 메추리알도 동그라미, 포도도 동그라미네"
때마침 2학기 중간고사를 치고 있는
고등학생 아들은
"아빠, 스트레스 주시는데 달인이시네요"
그 말이 핑퐁처럼 땅에 떨어지기라도 하듯
아빠가 되받는다
" 난 그냥 오늘따라 밥상에 온통 동그라미가 많다고 한 것뿐인데"
시침을 뚝 뗀다
"저도 눈치 달인이거든요 아빠가 무슨 말씀하시는지 다 알거든요"
매일 한 뼘씩 닮아가는 두 남자의 DNA는 분명 같은 유치원 출신일 거다.

두 남자 이야기

누가 아침시간에게 명령을 내려 시곗바늘을 조금만 더 천천히 가게 할 수 없을까? 누가 문교부장관에게 부탁하여 고3에게 등교시간을 한 시간만 더 뒤로 미룰 수 없을까 라는 어이없는 생각을 요즘 가끔씩 해본다.

아침마다 우리 집은 전쟁이다. 고3인 작은 아들의 등교를 돕기 위해서 매일 아침마다 전투 준비를 해야 한다. 큰아들은 이렇게 유별나지 않았는데 둘째는 그야말로 모시고 산다. 아침마다 깨우는 것부터 에너지가 다 소진된다. 겨우겨우 깨워서 아침을 차려주고 나면 물통, 수저통, 우유, 약 등을 책가방에 넣어줘야 하고 샤워하고 나올 아이의 속옷과 교복까지 대령시켜야 한다. 그야말로 황제를 떠받들 듯 받들어 모셔야 겨우 지각을 면한다. 아침마다 좀 더 일찍 깨우리라 마음 다잡지만 자정 넘어 하교해서 거의 새벽에 잔다. 고작 네다섯 시간밖에 못 자고 다시 학교 가야 하는 현실이 안쓰러워 다잡았던 마음이 아침만 되면 모래성처럼 무너지고 만다.

언제부턴가 우리 부부가 번갈아 가면서 학교까지 태워 주는 일이 잦아졌다. 걸어서 이십여분 밖에 안 되는 거리를 아침마다 상쾌하게 걸어갈 수 있는 여유가 있으면 얼마나 좋으랴. 공부하는데도 훨씬 도움이 되겠지, 라고 생각했던 것이 큰 실수였다. 우리 아파트 담 옆에 있는 B고등학교를 놔두고 굳이 먼 학교로 희망했던 것을 이제 와서 후회해 봐야 소용없는 일인데 그럼에도 아침마다 투덜거리며 후회한다.

오늘은 남편이 그 황제를 등교시켜야 하는 날이다. 두 남자를 내보내고 어질러진 집을 정리하는데 얼마 지나지 않아 금방 돌아온 남편의 모습은 골목에서 또래들과 싸운 억울함을 엄마에게 일러바치는 딱 일곱 살짜리 남자아이의 표정으로 돌아왔다. 억울해서 못 참겠다는 듯 씩씩거리며 화살을 엉뚱한 내게 조준한다.

두 남자 이야기 149

"당신 아들, 자~알 키웠네. 아빠한테 한마디도 안 지고 따박따박 대꾸나 하고 말이야."이러면서 두 남자의 아침 설전을 일러바친다.

아파트 정문을 빠져나가는데 우측 통로를 가로막고 있는 차에게 성격이 급한 남편이 클랙슨을 몇 번 울렸단다. 그 모습을 가만히 두고 볼 리가 없는 아들은 왜 그렇게 참을성이 없으신지 예수를 믿는다면서 삶에서는 왜 언행일치가 안 맞는지 모르겠다 라면서 훈계를 뒀다는 이야기였다. 실황을 안 봐도 훤히 읽히는 나는 둘째가 아빠한테 함부로 버릇없이 참견하는 아이가 아닌 걸 잘 안다. 아빠의 행동이 자기 기준에 불합리하다 생각하면 농담으로 뼈를 포장하여 아빠한테 한마디씩 툭 툭 던지는 아들이기에 재밌어서 계속해보라고 얼굴을 디밀었다.

남편은 그래도 아들이 지각할까 봐 마음이 급해서 그랬는데 그 마음을 몰라주고 아들의 훈계를 들어야 하니 자존심이 상했단다. 그럴 거면 왜 일찍 일어나지 못해서 이런 사단을 만드느냐며 토닥거리며 싸운 풍경이 훤하게 읽힌다. 그러다가 급기야 남편의 말도 안 되는 유치한 토라짐의 심리가 발동하여 학교 가는 도중 아들을 더 이상 못 데려다주겠다고 중도에 내리게 했단다. 지각하든 말든 되돌아와 버렸던 것이다.

아빠의 말도 안되는 자존심에 금이 가게 하는 아들이나 별 거 아닌 것을 가지고 유치한 토라짐을 그대로 실천하는 아빠나 딱 일곱 살짜리 유치원생들이다. 어쩌면 전생에 유치원 동기일지도 모르겠다.

그래놓고도 퇴근 무렵, 길 가에 휴대폰 케이스가 예뻐서 아들을 주려고 사 왔단다. 나는 안다. 내일이면 다시 언제 그랬냐는 듯 시간만 나면 엉겨 붙어서 장난치는 두 남자들의 단순한 관계가 포착 될 것이다.

부럽다. 이 두 유치원생들처럼 단순하게 살 수 있으면 얼마나 좋을까.

수식어

나는 정치적인 뉴스는 그다지 좋아하지 않는 편이다. 하지만 세상 돌아가는 굵직굵직한 사건들은 머리에 입력시켜 놓지 않으면 동시대를 사는 사람 대열에 끼일 수가 없다. 그래서 아무리 바빠도 신문의 큼직한 헤드라인 정도는 읽어두려고 애쓰고 틈틈이 짬을 내어 텔레비전 뉴스도 보려고 노력한다.

엊그제 우리나라 수도 서울에서는 세계적인 리더들이 모이는 2010년 G20 정상 회의를 개최했다. 진행과정 모두를 실시간으로 텔레비전에서 보도를 해주었다. 사무실에서 아예 하루 종일 텔레비전을 켜 놓고 컴퓨터 너머로 언뜻언뜻 비치는 화면에 내 시선과 귀를 고정시켜 놓고 업무를 봤다. 그런데 유난히 내 귀를 기울이게 하는 이야기가 있어 일하다 말고 텔레비전 앞으로 바짝 다가가 앉았다. 다름 아닌 이번 회의에 참석하는 정상들 중에 세 명의 여성들을 소개하면서 따라붙는 화려한 수식어였다

　독일의 앙겔라 메르겔 총리는 대통령을 대신해서 참석했다. 6년째 세계 4위 경제대국을 이끌고 있는 독일 총리이며 경제신문지 포브스가 해마다 선정하는 세계에서 가장 영향력 있는 여성에서 1위를 지킨다고 했다. 게다가 독일 최초의 여성 총리이며 물리학 박사이며 독일 최초의 과학자 출신 총리로 정치 감각과 수완이 뛰어나고 배포도 커서 일명 독일의 마거릿 대처로 불린다는 이력이 이색적이었다. 최초라는 접두사를 많이도 가지는 여성이구나 정말 영특한 사람이구나 싶었다.
　또 한 명의 여성 리더 중에 아르헨티나의 크리스티나 페르난데스 여성 대통령이었다. 아르헨티나의 경제 회복을 이끈 남편 네스토르 키르치네르 전 대통령의 후광을 업고 2007년 45% 지지율로 당선되었으며 국립대학 박사이며 변호사였다. 세계 최고의 직선 부부 대통령이며 호소력 있는 언변과 친화

력 있는 재능이 뛰어나다고 설명했다. 얼마나 뛰어난 인재이면 부부가 대통령을 하느냐 말이다.

마지막으로 한 사람은 오르트레일리아의 줄리아 아일린 길라드 총리였다. 제14대 오스트레일리아의 연방 총리이자 오스트레일리아 노동당의 당수이기도 하다, 여성으로서 부총리 겸 교육노동장관으로도 재임하였으며 2010년부터는 연방총리로서 역사상 최고위직에 오른 인물이라고 한다.

부러웠다. 나는 지금까지 뭐 하며 살았나? 라는 생각이 들었다. 일인 몇 역을 담당하며 나름 최선을 다하며 살았다고 생각해도 늘 빠듯한 살림이며 빈약한 내 존재의 자리라고 생각했거늘. 태어날 때부터 다른 존재였을까 세상 부러울 것 없이 다 가진 사람들은 어떻게 살았을까. 괜히 서민이었던 부모 탓도 해보고 불공정한 사회 탓도 하고 지금까지 게으름의 틈새를 막지 못한 내 책임도 너무 커서 뒤돌아보니 어느새 너무 빠르게 와버린 세월 탓만 하게 된다.

이렇게 생각의 실타래가 부정적인 곳까지 떠밀려가자 억지로 긍정의 치맛자락을 들쳐서라도 내 마음에게 위로의 말을 해 본다. 이 세상 누구에게도 100프로 행복한 사람이 어디 있을라고. 다 제각기 인생의 그릇에 양념 종지처럼 담겨 있는 삶의 모양들을 펼쳐보면 각자 자기만의 색깔이 다 있기 마련인걸. 모든 사람들이 빛이 좋아 빛에 나서면 그 뒤 어두운 그림자의 역할은 누가 할까. 선이 아름다운 이유는 악의 모습이 있기 때문이라는 너무나 평범한 진리가 삶의 공식이거늘, 각자 제자리에 제 위치에 있는 것이 아름다운 법이다.

제비꽃도 제비꽃 다울 때가 아름답다던데. 그렇다면 내 이름 뒤에는 화려한 이력 대신 평범하지만 맑고 향기 나는 사람이라면 족하지 않을까. 세계 최초로 무슨무슨 박사에다 최초로 무슨 여자 총리라는 이름보다 맑은 가난이지만 조용하고 평범하게 무엇보다 최선을 다하여 산 내 이력이 그리 나쁘진 않다는 생각이 서서히 들어온다. 평소에 워낙 말 주변이 없어서 호소력 있는 언변과 친화력 있는 재능이 부러워 그런 것을 가르쳐 주는 학원엘 다녀볼까도 싶었던 적이 있었다.

하지만 다시 생각해 보면 행복의 잣대는 과연 무엇일까. 누가 그러는데 재벌가의 비서가 하는 일 중에 어려운 일 하나가 있다 한다. 명절에 해외 여행지를 고를 때도 회장님이 가는 곳과 사모님이 가는 곳, 첫째 아들네와 둘째 아들네가 가는 여행지가 서로 겹치지 않게 만들어야 한다는 우스갯소리도 있듯이 돈 많다고 다 행복한 것은 아니란 이야기겠지. 비록 대궐 같은 집은 아니지만 가족 간에 자주 대화가 오가고 따뜻한 배려로 서로 보듬는다면 그게 행복한 거겠지. 그냥 내 방식대로 내 삶의 도화지에 나만의 색깔과 디자인으로 칠하면서 살아가는 게 행복이겠거니 하는 생각으로 다시 내 자리로 돌아왔다.

더 욕심이 있다면 내 이름 뒤에 이런 수식어가 붙었으면 좋겠다. 이외수의 시 "가을에는 맑은 인연이 그립다" 에서처럼 '화려하지 않은 코스모스처럼 풋풋한 가을 향기가 나는 사람, 산등성이의 억새처럼 초라하지 않으면서 기품이 있는 겉보다는 속이 아름다운 사람' 이라고 붙었으면 좋겠고 비록 세파의 흔적이 묻었지만 맑은 샘물 같고 산소 같은 영혼의 소유자라고 붙었으면 좋겠다. 너무 꿈같은 희망인가.

무소유의 역리逆理

　근무하다 말고 무작정 사무실을 빠져나왔다. 아무리 생각해도 내가 너무 몰인정하다 싶기도 하고 금붕어들한테 미안해서다. 한 달째 사무실 물고기에게 밥을 주지 못했다. 미루고 벼루다 그러다 잊어버리고 생각나면 또 바빴고…….

　해운대 사무실로 이사 온 지 벌써 한 달이 넘었다. 이사 후 얼마 안 되어 아는 지인으로부터 금붕어 소형 수족관을 선물 받았다. 어느 날 이마트에서 쇼핑을 하다가 작고 앙증스러운 수족관을 보는데 내가 생각나더란다. 우리 사무실의 창가에 놔두면 내가 심심치 않아서 좋을 거라 싶어 사들고 왔다. 수족관을 꾸미는 모든 재료와 금붕어 세 마리, 물세정제까지 꼼꼼하게 사 왔다. 그런데 그만 밥은 깜빡했다며 미안해했다.

　나는 빨리 만들어보고 싶어 하나하나 만들어가기 시작했다. 먼저 산소공급기를 맨 밑바닥에 고정시켜서 모래를 얹었다. 그 위에 돌을 듬성듬성 넣고 인공초도 그럴듯하게 심고 동산처럼 언덕도 만들었더니 바다를 한 단면으로 자른 것 같았다. 그런 다음 세정제를 넣어 둔 물을 넣었더니 훌륭한 금붕어 수족관이 만들어졌다. 마지막으로 비닐봉지에 갇혀 있던 금붕어 세 마리를 풀어 넣었다. 그야말로 물 만난 고기였다. 작은 공간에서의 자유이지만 언젠가 더 넓은 바다로 넣어서 영원한 자유를 주고 싶다. 이제 보살펴야 하는 새 식구가 늘었다.
　그러나 곧 이 녀석들 밥을 사야 하는 숙제가 하나 생겼다. 곧 사줘야지 하면서도 아무데서나 살 수 없어서 차일피일 미루다가 잊기도 했다. 그러다가 금붕어는 물만 먹고살아도 며칠은 산다 싶어서 미루다 보니 하루 이틀 사흘을 넘기고 일주일을 넘기고 열흘을 넘겼다. 그러면서 잊어버리기도 하고 벼루기도 한 것이 벌써 한 달이 다 되었다. 아침마다 회사 문을 열 때마다 그때서야 아! 하고 섬광처럼 죄스러움이 스쳐간다.

금붕어가 살아있을까 싶어서 아침마다 살피면서도 미뤄지는 것은 근처에 물고기 밥을 파는 곳을 몰라서다. 오늘은 기어코 이 녀석들 밥만큼은 사줘야지 하면서 무작정 사무실을 나섰다.

 사무실 근처부터 샅샅이 뒤져나가기 시작했다. 이마트 가기엔 너무 멀어서 가까운 곳부터 훑어 나갔다. 아. 그런데 내가 예전에 얼핏 보았던 그 장소에 여전히 수족관 가게가 있었다. 금붕어 밥을 사면서 한 달을 아무것도 안 줬다 했더니 주인아저씨가 놀란다. 작은 생명이라고 함부로 대한 내 양심이 부끄러웠다.
 사무실로 들어오자 말자 밥을 줬더니 이게 웬일인가? 이 녀석들이 밥을 보고도 도대체 반응을 하지 않는다. 아무리 먹으라고 애를 태워도 본 척도 안 한다. 그 사이 밥을 먹는 법을 잊어버렸나 아니면 너무 억울해서 반란이라도 하나 싶다.

 또다시 걱정이다. 밥을 줘놓고 안절부절이다. 풀방구리 쥐 드나들듯 일하다 말고 수시로 수족관을 살피니 보다 못한 남편이 한마디 거든다.
 "거봐라 뭐 하러 신경 안 써도 될 데를 신경을 쓰냐? 이 바쁜 세상에.”

  그러면서 무소유의 철학을 펼친다. 가지면 가지는 순간부터 마음에 걱정이 이는 것이 세상이치거늘 단출하게 사는 법을 배우라고 한다. 그걸 잘 알면서도 행동에 못 옮기는 게 비단 이 일 뿐이랴.

담을 헐듯

 이른 새벽 산책하기 위해 집을 나섰다. 청량한 새벽공기가 밤새 헝클어진 생각의 얼레를 차분하게 감아 줄 것 같은 이 개운한 느낌이 좋아서 가끔 새벽 산책을 나선다.
 요 근래 이런저런 핑계로 늦잠을 자서 오랜만에 나왔더니 오늘 아침엔 산책로 분위기가 완전히 낯설다. 2년 동안 막혀 있던 아파트 공사현장 담벼락이 흔적도 없이 헐려 있었다. 마치 도로에서 대형버스가 시야를 가로막았다가 어느 순간 버스가 차선을 바꿨을 때 탁 트인 그 시원함이 느껴졌다. 그동안 건설현장의 담벼락 안에는 어떤 아파트가 자라고 있을지

늘 궁금했었는데 그동안 꼭대기만 아련하게 보였을 뿐 분위기는 몰랐다. 오늘 새벽엔 드디어 연극무대에 쳐진 검은 커튼이 올라가듯 세련되고 멋있는 아파트의 모습이 드러나기 시작했다.

 하늘을 찌를 듯한 타워형 아파트의 위세가 마치 비를 맞아 단시간에 커버린 죽순처럼 거대하게 서 있었다. 동과 동 사이를 가로지르는 통로 양쪽에는 사열하는 군인들처럼 서 있는 종로나무의 늘씬한 다리가 멋졌고, 알록달록 놀이터 미끄럼틀 위에는 아직 한 번도 엉덩방아를 찧어보지 못한 새벽 찬 공기가 계단계단 머물면서 아이들을 기다리고 있었다. 군데군데 깊게 파인 구덩이 옆에는 고급스러운 소나무들도 심겨지기를 기다리며 누워있었다. 10 여 년 전에 지어진 주위의 아파트와는 비교도 하지 말라며 세련되고 웅장한 모습으로 뽐내는데 그야말로 눈이 부셨다.

 그녀도 예뻤다. 아주 오래전 어떤 모임에서 처음 보는 순간부터 "참 예쁘다"라는 생각이 들던 여성이 있었다. 이목구비가 뚜렷한 데다 유난히 깨끗하고 맑은 피부를 가지고 있었다. 여자 나이 마흔이 넘으면 거기서 거기라지만 잡티 하나 없이 맑은 피부와 윤기 나는 긴 머리는 그녀의 삶을 반영이라도 하듯 맑은 사람 같았다. 성격도 서글서글한 데다 궂은일도 마다하고 무슨 일이든 긍정적인 자세로 임하니 누구나 그녀를 좋아했다. 나 역시도 밝고 긍정모드인 그녀가 마음속으로 빠르게 들어왔다.

그녀와 나는 금방 친해지기 시작했다. 마치 초등학교 여학생들처럼 매일 붙어 다니다시피 했다. 내 성격에 웬만해선 그렇게 막무가내로 친하기가 어려운데 그녀의 적극적인 성격의 영향이 컸다. 거기다 사는 곳도 바로 이웃이라 심지어 저녁을 먹은 후에도 입은 옷에 슬리퍼 끌고 마실 나오듯 수시로 만나 수다를 떨며 친했다.

그러나 언제부턴가 우리는 보이지 않는 담을 쌓기 시작했다. 아니 내가 스스로 쌓은 담일지도 모른다. 서서히 그녀의 행동이 못마땅하기 시작했다. 그녀는 워낙 성격이 밝다 보니 모임이 많아서 어딘가 모르게 산만해 보이기도 하고 여기저기 구설수에 오르기도 했다. 그녀의 행동들이 내게 피해를 주는 건 아닌데도 나는 나와 다른 점을 수용하는 것에 서툴렀다. 내 마음 한구석에는 자꾸 그녀의 튀는 언행이 거슬리게 되었다. 그즈음 남의 눈에 티만 보이고 내 눈의 들보는 보이지 않는다는 성경말씀이 딱 나를 두고 하는 말 같았다. 나와 다르다는 이유만으로도 서서히 그녀와 담을 쌓기 시작했다.

그러다 어느 모임에서 사람들이 그녀의 뒷담화를 하기 시작했다. 친한 친구인 나도 그녀를 전적으로 옹호해 주기엔 내 마음이 이미 좁아져 있었다. 다른 사람들이 하는 험담을 제지하기보다는 그냥 무언 중에 동조해 버렸는데 그게 오해의 불씨를 만들었다. 하지만 그녀를 사랑하는 마음은 여전히 내 안에 살아있었지만 어쩔 수 없는 오해로 우린 영원히 허물지 못할 두꺼운 담을 쌓고 말았다.

그 후 몇 년이 지난 지금은 깊었던 오해는 풀었다. 하지만 여전히 둘 사이에 쳐진 담은 그대로 버티고 있어서 그녀 생각만 하면 마음 한구석이 답답하다.

기존 아파트와는 다르게 담을 완전히 허물겠구나 싶어서 순간이나마 역시 새 아파트는 생각도 앞서 가는구나 했다. 그러나 저 멀리 입구에서부터 아주 낮은 철제 울타리를 치고 있는 것이 보였다. 낮은 울타리라 조금은 다행이지만 새 아파트가 먼저 경계를 풀었으면 했다.

우리 동네는 수십 개의 아파트가 들어 선 신도시 아파트 단지다. 마치 거대한 개미집 같다. 개미들이 먹이를 물고 수시로 들락거리듯 아파트 현관 입구에서는 하루 종일 사람들이 들락거리지만 모두들 투명한 유리 캡슐 하나씩 쓴 것처럼 보인다. 마치 병균이라도 옮기기라도 하듯 거리를 둔다. 아파트 경계는 또 어떤가. 외부인을 차단하는 의미에서 정문에서는 경비들이 철저히 검열하고 쪽문에는 비밀키를 달아놓는다. 그러다 보니 보통 바로 앞집에 누가 사는지조차 모르는 사람들이 대부분이다. 개미집처럼 한 구멍으로 들어갔다가 각자 집으로 들어가 버리면 더 이상 교류가 없기 때문이다.

언제부턴가 아파트 경계마다 담벼락 대신 긴 벤치 하나씩 일정하게 설치하면 좋겠단 생각을 해본다. 유럽을 여행하다 보면 어디든 벤치가 있어 그 모습이 풍경으로 피어날 때가 참 아름답다고 생각했었다. 어느 곳에서든 삼삼오오 벤치에 앉아서 도란도란 허물없는 이야기꽃을 피우는 모습은 상상만 해도 행복한 풍경이다.

달빛 교교한 밤중에 그녀와 벤치에 앉아 쓸데없는 드라마 얘기를 꺼내도 맞장구를 쳐줄 것 같은 그녀를 상상해 본다. 아마 꽁꽁 두른 그녀의 두꺼운 외투를 벗기려면 내 안에 있는 차가운 콘크리트 담부터 허물어야겠지. 입술로는 하나님의 사랑을 외치면서 마음 깊은 곳에서는 시기와 질투로 가득한 내 안에 있는 거대한 담을.

사랑과 집착 사이

 이건 분명히 스토킹이다. 어떤 녀석의 과잉 집착으로 요즘 안 써도 되는 신경을 쓰고 있다. 정작 본인은 사랑이고 관심이고 위로라고 표현하겠지만 과해도 너무 과하다 싶다. 그 녀석은 상대방이 느낄 불편함을 전혀 모른다. 오로지 자기 방식으로만 사랑한다. 그야말로 일방통행이다. 가족이라 함께 살아야 할 운명인데 어떻게 해야 서로 편해질지 마주 앉아 진지하게 의논이라도 해 봐야 할 지경이다.

 그 녀석 때문에 새벽마다 화장실 가기가 두렵다. 화장실 가려고 방문을 열면 두 귀를 방문에 갖다 대어 무슨 비밀이라도 캘 듯이 엿듣는 자세를 하고 있다가 후다닥 튀어 들어온다. 그런 날은 이미 잠은 다 깨버린다. 그래서 가능하다면 도둑처럼 살금살금 화장실을 가면 귀신같이 따라붙는다. 얼마나 사뿐사뿐 걷는지 뒤따라 붙는 녀석의 기척을 전혀 느끼지 못한다. 그야말로 흔적 없이 화장실까지 따라와 제 이마로 사정없이 내 다리를 들이받다가 안 되면 화장실 바닥에 벌러덩 드러누워 눈에서 강한 레이저를 뿜어댄다.

또다시 운명이겠거니 생각하고 안아주면 눈을 매섭게 추켜올린 채 주둥이로 내 턱을 사정없이 들이받는다. 왜 잘 때는 헤어져야 하냐고 앞발로 내 가슴팍을 사정없이 때리듯 한다. 분이 안 풀리는지 골골골거리며 씩씩거린다. 다 받아주고 나면 그제야 분이 풀리는지 차분하게 꼬리를 말아 앉으며 애원하듯 쳐다본다. 마치 연인들 싸움 같다. 나는 그때마다 꼬리를 내리며 다 받아주는 오지랖 넓은 연인이 되고 만다. 울며 겨자 먹기로 컴컴한 거실에서 낚싯대로 놀아주다 보면 나는 연신 하품하며 아침을 맞는다. 이게 할 짓이 아니다. 받아 줄 데도 없지만 스토킹 신고라도 해서 이 불편한 생활을 해결이라도 했으면 좋으련만……

녀석이 우리 식구가 된 지 4년이 다 되어간다. 아는 지인이 우리 둘째 아들에게 키워보라고 보내왔다. 아들은 이 녀석의 신분이 길고양이에 불과 하지만 이름만큼은 "베베 왓슨"이라고 아주 세련되고 있어 보이게 살라고 혀에 버터가 칠해지는 이름까지 지어주었다. 그러나 우리는 회사에서 쥐나 잡고 그냥 길 고양이 신분에 맞게 살라고 별생각 없이 받았다. 그러나 갓 태어난 지 1달여밖에 안된 아기라 집에서 잠시 키우다가 사무실 마당에서 키우겠다고 마음먹었던 것이 우리의 착각이었다.

사람들이 고양이는 집에서 키우다가 밖에서 키우질 못한다고 했다. 집과 밖이 확연히 다르다는 것이다. 밖은 그야말로 치열한 전투 세상이란다. 집에서 순하게 키워진 고양이는 밖으로 나가면 텃세를 부리는 길고양이들에게 괴롭힘을 당해 얼마 못 가 죽는다고 했다. 그렇다고 개처럼 묶어놓고 키울 수 있는 동물이 아니다. 고양이는 개와 달라 한곳에 머물지 않는다. 어딜 가든 고삐가 풀리면 무작정 나가버리기 때문에 한 번 잃어버리면 찾아내기도 어렵다.

한 번은 사무실 마당에 풀어놓았다가 보름 만에 찾았다. 사실 이제야 털어놓지만 그때는 아직 정이 안 들었던 때라 한편으로는 걱정이 되다가 한편으로는 동네 길고양이들과 어울려 잘 살기를 바랐다. 고양이 털이 우리 가족들에게 위협을 가하는지라 내심 안 돌아오기를 기대한 적도 있었다. 그러나 우리 두 아들들이 마치 동생을 잃어버린 것처럼 한 놈은 회사 마치고 매일 찾으러 다니고 한 놈은 포항에서 베베를 찾는다고 출퇴근까지 하는 걸 보고 내가 두 번 다시 그런 생각을 못 하게 됐다. 제 부모들이 아프면 그렇게 정성을 쏟지도 않을 놈들이 가관이었다. 그 후 둘째는 공부하러 외국에 갔으면서도 베베의 안부를 사흘이 멀다고 묻는다. 그러면서 혹시 내가 뭐 내쫓기라도 할까 봐 잘 돌보라고 엄포를 놓는다. "그럴 거면 데리고 가지"라고 대꾸해 봤자 돌아올 이득이 없는 헐거운 잔소리뿐인 걸 잘 안다.

한편으로는 혼자여서 안쓰럽기도 했다. 동족들은 창밖에서 자유롭게 사는데 혼자 갇힌 자기 신세가 처량한지 자주 창밖을 내다보는 날이 많았다. 그 구부러진 등이 마치 혼자 남은 친정아버지 생전에 새우등처럼 누워계신 것이 오버랩 되었다. 엄마가 먼저 세상을 떠나시고 아흔이 넘은 아버지가 하실 수 있는 일은 하루 종일 시간을 세는 일이었을 것이다. 그 녀석이 꼭 아버지를 닮아서 더 짠했는지도 모른다. 그래서 처음엔 같은 침대에서 자고 같은 식탁에서 먹고 동고동락을 한 셈이다.

그러다 언제부턴가 우리 부부가 자는 방 두 개는 방문을 닫아걸었다. 숙면을 취하지 못하는 것도 그렇고 녀석의 털이 건강을 위협할까 바였다. 아마 그때부터 집착이 시작된 것 같다. 늘 열어 놓았던 안방엔 관심 없고 하필이면 닫아둔 두 방에 틈이 생기면 침대 이불 위에 오줌과 똥을 싸 놓고 하루가 멀게 우리를 괴롭혔다. 고양이의 독한 오줌 냄새로 혹독한 보복을 해 온 셈이다. 어떤 날엔 연이어 사나흘을 매일 이불 빨래를 하기도 했다. 그럴 땐 내 스트레스가 임계점을 넘어 폭발하고 싶은 마음이 한두 번이 아니다. 오죽하면 창밖으로 던져버리는 상상도 했을까. 요즘은 철저하게 방문을 닫는다. 그나마 이불 빨래는 뜸해졌다.

어쩌다 인간이 고양이에게 스토킹 당하는 신세가 되었는지 모르겠다. 관심이든 사랑이든 모든 것이 다 정도가 있는 법인데 넘치면 아예 모자라는 것보다 못하거늘 정작 본인은 모른다. 관심이 사랑이 되고 집착이 되다가 스토킹이 되는 법이다. 24시간 녀석의 레이더망이 내 동선에 연결되어 있다. 그렇다면 그 레이더망에 연결된 스위치를 가끔은 내가 끄는 방법을 모색 해야 하는데 방법을 모르겠다.

그대, 이런 친구를 가졌는가?

　아주 오래전 유명한 한류 스타 P의 죽음 앞에서 그의 절친했던 친구 S의 뜨거운 눈물을 본 적이 있었다. 흐르는 눈물을 포커스 한 사진이 인터넷에 연일 실려 있었고 그의 진한 우정이 클로즈업되었다. 유명인이고 특히 내가 좋아했던 배우의 죽음이라 중복되는 뉴스에도 아랑곳하지 않고 시선을 뗄 수가 없었다. 병고가 아니라 스스로 삶을 마감했다는 것이 가슴을 더 아프게 했다.

　그러면서도 그 배우의 삶이 한편으로는 부럽단 생각을 한 건 아이러니일까? 그의 죽음 앞에 애통해하는 사람들이 여타의 배우들보다 더 많았다고 한다. 특히 일본에서도 인기가 많았던지라 일본 팬도 굉장히 많았다는 보도도 있었다. 그중에서도 절친한 배우 S는 그 광경을 보고 있는 많은 사람들의 눈시울을 적셨다. 그의 슬픈 소식을 듣고 제일 먼저 달려왔으며 마지막 날까지 눈물로 그의 곁을 지켜 주었다고 한다. 그도 배우인지라 모든 일정을 보류한 채 오직 친구의 마지막을 함께 했던 것이다. 그 우정에 더 가슴이 젖었다.

그 배우의 생전 삶이 어땠을까. 분명 따뜻하고 다정다감했을 것이다. 그야말로 사람냄새가 났을 것이다. 연일 보도되는 언론들도 그의 생전의 삶을 다정다감한 성격이라고 보도했다. 갑작스러운 그의 죽음 앞에 의문은 산더미처럼 많지만 오죽했으면 이런 선택을 했을까 싶어 보는 내내 안타까움을 금치 못했다.

나는 어떻게 살아왔는가? 새삼 되돌아보게 된다. 얼마나 많은 친구들과 이웃들에게 내 진실을 나누고 살았는가? 성경 말씀처럼 네 이웃을 내 몸처럼 사랑해야지 하면서도 진정으로 사랑을 실천하는 기독교인인가 싶다. 무늬만 크리스천이 아닌지 살면서 늘 그런 자책에 시달릴 때가 많았다. 매일 기도 하는 단어가 사랑이고 희생이며 봉사지만 정작 내 삶에는 그런 명사가 끼어 들 틈이 없었다. 늘 바쁘다고 늘 피곤하다고 변명만 만들기에 급급하지나 않았는지 새삼 부끄럽다.

  나에게도 이런 친구가 있는가? 묻기 전에 그런 친구가 되고 싶다.

나이를 먹는다는 것

　늘 목에 걸고 다니던 십자가 목걸이의 연결고리가 부러졌다. 내겐 아주 특별한 추억이 담긴 24k 금목걸이다. 어디에 보관할까 생각하다 휴지 한 장을 뽑아 정성스럽게 싸서 화장품 파우치에 넣어 뒀다. 그리고는 까맣게 잊었다.
　그러다 엊그제 갑자기 번개가 스치듯 목걸이 생각이 났다. 후다닥 가방을 뒤져 화장품 가방을 아무리 뒤져도 휴지 뭉치는 보이지 않았다. 며칠 전 화장품이 든 가방을 정리 한 기억이 날 듯 말 듯 가물가물했다. 어디서 했는지, 언제쯤 정리했는지도 희미하다. 자주 정리하는 습관이 있는 내 성격으로 봐서는 휴지에 싸여 있었다면 쓰레기통에 버렸을 확률이 99프로다. 요즘 금값이 얼만데, 적어도 몇 십만 원을 스스로 버렸다 생각하니 속상해서 가만히 있을 수가 없었다.

 우선 집에 있는 휴지통과 쓰레기 봉지부터 샅샅이 뒤지기 시작했다. 마침 일주일도 훨씬 더 된 쓰레기 봉지와 휴지통을 버리지 않아서 얼마나 다행인지 몰랐다. 요즘엔 분리수거만 철저히 하면 일반 쓰레기는 얼마 나오지 않는다. 그래서 일주일도 더 된 쓰레기도 쓰레기봉지에 꽁꽁 싸여 있었다.

 쓰레기 봉지 밑으로 내려갈수록 음식물 썩은 듯 한 냄새가 진동을 했다. 그까짓 냄새쯤이야 싶어서 끝까지 뒤져서라도 찾아낼 수만 있다면 찾고 싶었다. 집 쓰레기통 아니면 사무실, 그것도 아니면 지난주에 갔던 밀양에 있는 우리 교회 수련원. 여기까지 생각이 미치니 머리가 거미줄처럼 복잡해서 그냥 깨끗하게 포기하고 싶기도 했다. 하지만 쓰린 마음을 무엇으로 다스려야 할지 풀리지 않는 채로 며칠을 보내야 했다. 당장 사무실로 가려니 토요일과 일요일은 근무를 하지 않아서 굳이 갈 필요가 없었다. 대신 휴대폰 메인화면에다 메모장에 "목걸이 찾기"라고 써서 저장해 두었다. 휴대폰을 켜기만 하면 보이니 설마 잊어 먹지는 않을 것이다

월요일 아침 사무실에 들어서자마자 책상 위에 신문지를 깔고 쓰레기통을 들이부었다

쓰레기통이 바닥을 보이며 엄습해 오는 어둠의 그림자가 길어질 즈음 아! 그나마 깨끗한 휴지 한 뭉치가 눈에 들어오기 시작했다. 마치 더러운 쓰레기와 합류하기 싫어서 버티고 있는 듯한 그 도도함이 그날따라 얼마나 예뻐 보이든지, 순간, 희망의 예감이 섬광처럼 스쳤다. 순간 떨리는 손으로 지그시 휴지뭉치를 눌렀다. 딱딱한 금속이 감지되는 촉감을 이 세상 그 어떤 기쁨에 비하랴. 급히 싸여 있던 휴지를 열었다. 와락 달려들 것 같은 길 잃은 미아처럼 목걸이는 그렇게 반짝거리며 빤히 쳐다보고 있었다. 비록 값어치는 얼마 안 되지만 아주 특별한 추억이 있던 목걸이를 찾은 기분은 돌아온 탕자를 맞이하는 아버지처럼 기뻤다.

이제 제아무리 외모를 꾸미며 젊은 척해도 머리는 노화를 향해 시속으로 달리고 있다. 목걸이를 벗어서 휴지에 싸 놓는 순간에도 이러다 깜빡하고 잊어버리지나 않을까 생각했으면서도 기억 못 해 잊어버리고, 자동차를 세워 둘 때 한 번 더 위치를 기억해 놓고도 한 이틀만 운전하지 않으면 지상에 세워뒀는지 지하 1,2,3층 어디에 세워뒀는지 아예 머릿속이 하얗게 아무 생각도 안 날 때가 허다하다. 이렇게 낡아지고 있

다는 것이 슬프게 한다.

  산다는 것.
  결국에는 자연으로 돌아가야 하는 삶, 자연에 순응하는 몸짓으로 살아가는 것이 가장 아름다운 삶이거늘 왜 자꾸 미련이 남고 젊어지려고 안달을 하는가 생각해 보면 모두 욕심이다. 내려놓아야 한다. 더 내려놓아야 한다.
  그래야지만 비로소 자유롭게 되는 것임을 알 나이도 되었거늘……

착각의 힘

여권을 연장하기 위해 구청엘 갔다. 당연히 연장이 가능하리라 싶어 평소에 있던 여권사진 될 만한 것을 들고 갔더니 한번 연장한 여권은 연장할 수가 없단다. 새로 발급받으라 한다. 그리고 가져갔던 사진은 두 귀가 나와야 하며 배경이 흰 벽이라야 된다고 다시 찍으란다.

구청 근처에 있는 사무실로 와 남편한테 사정 얘기를 했더니 마침 사무실에 카메라가 있고 사진 전문가를 남편으로 뒀는데 무슨 걱정이냐고 마치 큰 인심이라도 쓰는 냥 바로 찍잔다. 흰색 배경이 없어서 복도의 흰 벽을 이용하려고 나갔다가 많은 사람들의 시선이 부담스러워 다시 사무실로 들어와 흰색 블라인드를 치고 찍었다. 이어서 바로 사진관 홈페이지에 첨부해서 인화를 부탁드린다고 전화했더니 다시 주문이 따른다. 흰 벽과 상의가 흰색이라서 안 되고 미소 띈 입은 미안하지만 얌전히 다물어야 한단다. 주문이 참 까다롭다.

  할 수 없이 아무리 전문 사진사가 옆에 있지만 번거롭더라도 더 전문관에 가야겠다고 말했다. 무엇이든지 말만 하면 다 해 줄 수 있다고 큰소리치던 지니 같은 착각을 가진 남편을 뒤로하고 사무실 근처 사진관을 찾았다. 대충 옷매무새를 단정히 한다고 하고 찍었는데 영 마음이 허락을 안 한다.
  바르게 서야 할 목도 약간 좌측으로 기울었고 오른쪽 입가에 어릴 적 피부병 흔적이 달 표면처럼 울퉁불퉁한 피부가 마치 곰보 같은 생각도 들고, 이제 초로의 얼굴이라 당연하지만 두 눈도 마치 근심 어린 이모티콘처럼 쳐져있고 눈가의 주름도 자글자글 했다. 물론 세월의 흔적이 목선에도 있어야 당연한 일이지만 착각을 해도 유분수지 왜 내 마음엔 이 삼 십 대의 얼굴이 나오길 은근히 기대 하는 건지 내 안에 있는 내게 물어보고 싶었다.

잠시 마음이 주저앉는 동안 사진관 직원은 인터넷 사진 프로그램인 포토샵을 열더니 "선택 툴"로 내 얼굴을 동그랗게 점선으로 선택을 했다. 마치 새끼줄 같은 걸로 목을 감더니 이젠 "자르기 툴"로 내 목을 사정없이 댕강 잘라버린다. 그러더니 약간 기울어진 내 목을 바로 세워 놓는다. 삐딱하게 살았던 삶을 이제부터라도 반듯하게 살라는 메시지처럼. 그런 다음 안경사이로 처진 내 눈꼬리를 다시 "선택툴"로 선택을 하더니 무겁게 내려온 눈꺼풀을 약간씩 약간씩 아주 조심스럽게 올려놓아본다. 곁에 서서 쳐다보는 내 얼굴에 슬그머니 피어나려는 미소를 아는지 모르는지 직원은 다시 왼쪽보다 작은 오른쪽 눈을 조금 크게 만들고 양 눈이 조화롭나 이리저리 얼굴을 돌려 맞춘다. 나는 더 크게 더 크게 만들어달라고 소리 없는 아우성을 지르며 애태웠지만 그건 위반인지 멈춘다.

　아직도 끝이 안 났다. 이젠 "닷찌툴"을 선택을 해서 내 얼굴 부분에 뽀얀 부분을 찍더니 울퉁불퉁하던 피부를 쓱쓱 문지른다. 아 그런데 이게 웬일인가. 금세 이른 봄, 갓 나온 새싹 같은 아기피부처럼 뽀샤시하게 만들어 놓는다. 그리고는 눈가의 주름과 얼굴에 있는 주름을 하나씩 차례대로 다려준다.

물론 목에 그어진 세월의 흔적도 쓱쓱 지워버린다. 힘들었던 과거를 지우개처럼 지워 버릴 수 있듯이 흔적 없이 지워버린다. 입고 간 옷은 철제 옷걸이에 걸려있어서 양 어깨에 봉긋이 옷걸이 흔적이 있는 것을 자르기 선택툴로 깨끗하게 잘라서 부드러운 어깨선으로 만들어준다. 다림질을 안 한 옷이라 여기저기 구김이 있어서 보기 흉하더구만 다시 "닷찌 툴"을 선택해서 쓱쓱 잘도 다려준다. 열도 없는 다리미로 마치 마술을 부리듯 말끔하게 다렸다.

이제 됐나 싶더니 정수리 머리에 희끗희끗한 머리뿌리에 마우스를 갖다 댄다. 다시 "닷찌툴"로 검은 머리 부분을 한번 찍더니 쓱싹쓱싹 내 머리 전체를 고루고루 문질러 주더니 금세 검은 생머리가 되어 윤기가 자르르 해진다.

드디어 대충 됐다는 듯한 표정으로 내게 됐느냐는 인사를 눈으로 대신한다.

"와우, 20대로 만들어 놓으셨네요."

구겨졌던 마음이 환하게 다려진다. 하지만 내 마음 깊은 곳에 있는 양심이란 놈이 비웃는 소리로 속삭인다.

"너 어쩌려고 그래? 이 여권 기한이 10년이고 이렇게 30대 얼굴을 가지고 60대 중반까지 사용해야 하는데. 외국 가서 본인 아니라고 귀국도 못할지도 몰라. 잘못하다 국제고아 되겠다. 너. 영어도 짧으면서 착각도 유분수지."

하지만 내 안에서는

" 너! 못 먹어도 고! 라는 말 모르는구나. 나중에야 어찌되든 지금 행복하면 되지 뭐. 특히 젊고 예쁘다는데 무슨 말이 더 필요하겠어?"

맛있는 오지랖

엊그제 아침, 대학생인 둘째 아이가 학교에 가야 할 시간에 맞춰 느닷없이 소나기가 스콜현상처럼 퍼부었다. 와이퍼를 최대한 빠른 속도로 높여놓고 아이를 지하철까지 데려다주고 집에 도착할 즈음에야 약간 소강상태로 접어들었다.

일층 주차장에 주차를 하려는데 폭우 속이라 차들이 아직 많이 빠지지 않았다. 마침 차 한 대가 빠져나가고 그 자리에 주차를 시켰다. 차에서 내려 집으로 들어가려는데 내 차 왼쪽에 세워진 빨간색 승용자 뒷좌석 유리문이 반쯤 내려져 있었다. 그 틈새로 이미 뒷좌석 가죽시트 위에 물은 흥건히 고여 있었고 그 옆에 책이며 옷가지들이 반쯤 젖어있었다.

그런 상황을 보고 지나칠 수 없는 내 마음이 또 발동을 했다. 빨리 전화를 해 주려고 앞 유리창을 샅샅이 훑어봐도 전화번호가 남겨져있지 않았다. 우리 아파트 동 호수가 적힌 스티커가 보이길래 자세히 보았더니 마침 우리 집 바로 아래층에 사시는 분이었다. 얼른 집으로 와서 인터폰을 들고 동과 번호를 눌러도 받질 않았다. 그냥 두려니 마음이 편치 않았다. 혹시나 싶어서 경비실로 인터폰으로 통화를 했다. 경비 아저씨는 고맙다고 하신 후 얼른 주인에게 알려 주기 위해 끊었다. 경비아저씨가 이제 연락을 취할 것이고 대책을 강구하겠지 싶어서 마음 놓고 출근을 했다.

언젠가 나도 그런 경험이 있었다. 퇴근을 하고 집에서 편하게 쉬고 있는데 낯선 전화번호가 찍힌 핸드폰이 울려 받았더니 내 차 뒷 유리가 열려 있다고 친절하게 알려 주신 분이 있었다. 그때 받았던 마음이 참 따뜻했던 기억이 있다. 그냥 지나쳐도 죄가 되지 않지만 막상 주인에게는 중요한 일이 될 수도 있는 일이기에 참 고마웠다.

아침에 있었던 일은 까맣게 잊고 퇴근을 했다. 그런데 식탁에 올려져 있는 조그마한 케이크 상자가 눈에 띄었다. 마침 7월 모의고사를 치르고 일찍 집에 와 있는 둘째아이가 방에서 나오더니 케이크에 대한 이야기를 해 줬다.

"아랫집 아주머니가 엄마 때문에 자기 자동차를 구했다면서 고마운 답례라고 주시던데요."

순간 가슴이 저릿했다. 이렇게 작은 일에도 이렇듯 따뜻하게 읽을 줄 아는 그분은 어떤 분일까 궁금했다. 얼마 전 이사를 온 분이라 한 번도 대면이 없었다.

흔히 이런 경우를 오지랖이 넓다고 말한다. 그리고 나는 가끔 오지랖이 넓다는 말을 듣는다. 오지랖이란 저고리의 앞섶을 말한다. 섶이 넓다는 것은 쓸데없이 나선다는 말이다. 뿐만 아니라 지나치게 남의 일에 신경 쓰고 챙겨주려고 애쓰는 면이 있다는 뜻이다. 물론 쓸데없이 나선다는 뜻으로도 쓰이지만 착한 오지랖의 성격이 더 강하다. 내 주변일이든 남의 일이든 안타까운 일이 생기면 내가 할 수 있는 한 도와주려 한다. 그러다보니 언제나 "바쁨"이라는 단어를 달고 산다. 이런 성격을 이미 예전에 깨달았지만 일부러 거짓말을 해서 거절도 하고 아예 눈을 감아버려도 타고난 성격이라 고쳐지지 않는다. 하지만 아이러니하게도 살아가면서 나처럼 이렇게 오지랖이 넓은 사람을 보면 마음이 따뜻해지며 곁을 내주고 싶어진다.

그러고 보니 이번 오지랖은 참 맛있다. 케이크가 마침 맛있다고 소문난 옵스 빵집 것이다.

| 작품해설 |

사유의 텃밭을 가꾸는 호미질 소리

박 정 선

(문학평론가)

1

글쓰기는 사유하는 방법이다. 성찰하는 방법이다. 더욱이 수필이 그렇다. 수필을 쓴다는 것은 자신의 얼굴을 거울에 비춰보는 것과 같은 행위이다. 더 나아가 자신의 내면과 사상을 펼쳐 보이는 행위, 자신의 사상을 통해 사물 또는 세상을 바라보는 행위이다. 그래서 한 권의 수필집을 발표한다는 것은 '나'를 펼쳐 보임이며, 한 권의 수필을 읽는다는 것은 그 작가의 철학을 읽는 일이다.

권 작가의 사유와 성찰은 「가을의 문장」에서 빛난다. 가을의 문장은 가을이 표현하는 풍경을 상징하는 말이다. 가을의 문장은 인간의 삶을 은유한다. 삶을 은유하되 삶의 일부가 아닌 인생의 어느 고개에 다다라 아래를 내려다보며 회고하는 부분이다. "나는 지금 어떤 때를 지나고 있을까?"(「가을의 문장」)라는 의문은 권 작가의 생각만은 아니다. 사람은 가끔 어느 시기에 어느 지점에 서서 뒤를 돌아보며 자신의 발자취를 생각하게 마련이다. 그리고 살아온 날을 회고하며 대부분 아쉬워하기도 하고 후회하기도 한다. 그런데 작가는 말한다. "대단하지 않은 하루가 지나고 또 별거 아닌 하루가 온다 해도 인생은 살 가치가 있다니…."라는 사유는 뜻깊은 의미를 함의한다. 사실 삶의 하루하루는 특별한 일만 없다면 어제와 오늘이 별다른 게 없어 보인다. 그렇게 흘러가는 하루가 쌓여 오늘을 이룬다. 그리고 인간은 하루하루 사는 게 늘 별것 아닌 듯하기도 하는데, 작가는 그다음을 잇는다. "여기까지 무탈하게 온 게 얼마나 감사한가, 늘 제자리걸음 같은 나의 삶도 이만하면 감사하지 않은가, 두 아이 제 갈 길 바르게 가는 것도…."라고.

그렇다. 무탈하게 여기까지 와준 삶이야말로 기적이다. 남의 눈에 띄지 않는 평범함의 지속, 크게 염려할 일도 크게 부러움을 살 일도 없는 일상의 연속, 오늘이 늘 어제와 같은 변함없는 하루하루는 그야말로 행복한 삶이다. 그래서 작가는

다음과 같은 어마어마한 철학을 발설한다.

"욕심을 버리고 바라보면 한순간도 눈이 부시지 않는 날이 없지."

— 「가을의 문장」 중에서

2

 수필을 곧잘 무형식의 문학이라고 이른다. 아무런 형식이 따르지 않으므로 흔히 붓 가는 대로 쓰는 글, 마음 가는 대로 쓰는 글로 이해하는 것이 일반적이다. 이것은 수필의 시초를 이룬 편지글에서 유래한다.
 한국문학통사를 살펴보면 수필의 역사는 서간체에서 비롯되었음을 알 수 있다. 조선 후기 한글로 쓴 편지를 언간諺簡이라 했고 한글이 발달하면서 편지 쓰기가 유행했다. 그리고 근대로 들어오면서 우편제도가 정착하게 되자 편지쓰기는 가족이나 친구, 지인들과의 인간관계를 연결하고 소통하는 매우 중요한 수단으로 정착하게 되었다. 따라서 어떻게 하면 편지를 잘 쓸 수 있을까, 하는 문제는 국민적 관심사로 떠오르게 되고, 편지 작법을 가르치는 여러 가지 서간문법류가 나오기 시작했다. 일제강점기에는 이광수가 쓴 『춘원서간문법』(1939)이 가장 유명했다. 이광수 외에 노자영이 쓴 『나의 회환: 문예민문서간집』(1939)과 이태준의 『문장강화』와 『서간문강화』(1943)도 꽤나 유명세를 떨쳤다.

그리고 시대를 뛰어넘어 시대를 사로잡은 『렌의 애가』, 1937년 모윤숙이 펴낸 『렌의 애가』는 서간체의 문학을 화려하게 꽃피운 편지글 모음집이다. "시몬, 이렇게 밤이 깊었는데 나는 홀로 작은 책상을 마주 앉아 밤을 새웁니다."(제1신)로 시작되는 렌의 애가는 떨어져 있는 연인을 대상으로 한 연서戀書로 초판부터 시작하여 1970년대까지 무려 4만 부가 팔렸고, 1990년 절판이 될 때까지 무려 90쇄를 기록했다(렌은 아프리카 밀림에서 일생 동안 짝을 부르며 울다 쓸쓸히 죽어가는 새로 모윤숙을 대신한다.).

이와같이 수필의 유래가 편지글에서 비롯되었듯이 수필은 가족과 주변인들 그리고 자신의 일상을 비롯하여 다양한 제재를 취하는 문학으로 자기 발견, 자기 고백, 자기표현의 문학이다. 몽테뉴는 "나 자신이 바로 내 글의 재료가 된다"했고 이태준은 『문장강화』에서 "그 사람의 자연관, 인생관, 습성, 취미, 지식과 이상이 재료가 되어 나오는 것"이라고 했다. 김

진섭은 『수필의 문학적 영역』에서 "수필은 무엇이든지 담을 수 있는 용기라고 볼 수 있다."했고, 현대로 들어와 한국의 대표적인 수필가로 호명된 피천득은 "수필은 마음의 산책이다. 수필은 독백이다. 자기를 솔직하게 나타내는 형식이다. 수필은 난이요, 학이요, 비둘기 빛이거나 진줏빛이요, 번쩍거리지 않는 비단."이라고 했다. 그들의 생각은 생트뵈브의 "그 나무의 그 열매"와 성서의 잠언서 "그의 열매로 그들을 알지니"(잠언 12장)라는 내용으로 귀결된다.

결국 인간이 산다는 문제는 사유와 성찰이다. 인간에게는 스스로 자신을 가르치고 반성하는 길이 있다. 혹여 종교가 그 역할을 한다고 생각하면 큰 오산이다. 종교는 사유와 성찰의 대지로 안내해줄 뿐이다. 거기에 생각의 씨앗을 뿌리고 가꾸는 일은 스스로 해야 한다. 그러니까 사유思惟와 성찰省察은 뿌린 대로 나는 법, 권 작가의 수필은 생각의 텃밭 가꾸기이다. 저 먼 곳 드넓은 대지가 아니라 집 가까이 있는 아담한 터에 생각의 씨를 뿌리고 날마다 들락거리며 호미질을 하는 따뜻한 텃밭이다.

권 작가의 첫 작품집 『로뎀나무를 꿈꾸며』는 가족끼리 도란도란 이야기를 나누며 텃밭을 가꾸는 것 같은 정겨움을 보여준다. 일찍이 피천득이 "비둘기 빛이거나 진줏빛이요, 번쩍거리지 않는 비단."이라고 했듯이 권 작가의 수필은 현란하지 않다. 화려한 수식어 대신 소박하고 전혀 꾸밈이 없이 솔직하다. 그래서 잔잔한 호수 같기도 하고 졸졸 흐르는 냇물 같기도 하고 바람에 풀잎이 서로 몸을 비비며 쓸어안는 다정다감한 풍경 같기도 하다.

한편 권 작가의 글은 비교적 젊다. 글이 젊다는 것은 생각이 젊고 문장에 생동감이 있다는 것을 의미한다. 좋은 수필이 되자면 보이지 않는 수필의 특성인 내재적인 유기적 형식을 잘 살려야 한다. 즉, 시적 표현을 능가하는 은유와 상징과 알레고리, 아이러니, 패러독스 등의 표현이 필요하다. 또한 예리한 관찰력에서 우러난 세밀하고 치밀한 묘사, 지적인 비평 정신과 사상, 선명한 주제와 유효적절한 어휘력 구사, 딱 맞아 떨어진 인용, 잘 맞아 떨어진 문장의 호흡(리듬), 거침없는 문장의 흐름이 관건이다. 권 작가의 수필은 이러한 조건을 대부분 갖추고 있다. 구구절절 자세한 설명을 지양하고 가급적이면 상징어를 사용하여 이야기를 전개한다.

따라서 권 작가의 수필은 추억을 소환하는 정서도 산뜻하다. 제1부의 오월에 대한 추억부터 보면, 「그해 오월 1」은 결혼 전 금융기관(농협) 직원으로 근무할 때 체험했던 일로 한

폭의 수채화를 떠올리게 한다. 화자는 초등학교 학생들의 저축문제로 K초등학교를 드나드는데 화자에게 마음이 끌린 총각 선생님이 서류를 조작해가면서 화자를 만나는 방법을 연구해낸 깜찍한 발상은 웃음을 머금게 하는 추억이다. 다음으로 이어지는「그해 오월 2」는 아들이 군에 입소하는 첫날 함께 갔던 일이다. 전자의 오월은 나의 청춘 시절을, 후자는 중년의 어머니로서 아들을 군에 보내는 모성을 보여주는데 이 두 가지 추억은 작가에게 잊혀지지 않는 추억으로 내재하고 있다.

그러나 권 작가는 추억을 소환하는 일보다 오늘을 사유하고 성찰하는데 몰입한다. 권 작가의 사유와 성찰은「해 아래 영원한 것은 없나니」,「내가 가는 길만 비추기보다는」,「봄날의 우수」,「뒷모습이 아름다운 사람」,「나는 나를 위해 무엇을 해주었나」,「열매」,「가을의 문장」등에 응집되어 있다. 먼저「해 아래 영원한 것은 없나니」는 구약성서 가운데 솔로몬 왕의 사유와 성찰로 유명한 전도서를 배경으로 한다. 전체 12장으로 되어 있는 전도서의 키워드는 "해 아래서, 헛되도다"로 요약된다. 제1장 14절 "내가 해 아래서 행하는 모든 것을 본즉 다 헛되어 바람을 잡으려는 것이다."로 시작된 '해 아래서'는 12회를 거듭한다.

제1장 2절 "헛되고 헛되며 헛되고 헛되니 모든 것이 헛되도다"로 시작하여 전체적으로 이어진 헛됨은 해 아래서 인간이 하는 모든 수고와 그 결과를 가리킨다. 수고는 곧 욕망이며 작가는 어린 시절 또래 친구들과 땅따먹기 놀이를 하던 일에 비유한다. 어린아이들은 땅따먹기 놀이를 하면서 땅을 많이 차지하기 위해 노력하지만 해가 지면 엄마들의 부름에 손을 털고 일어나 집으로 돌아가야 했던 것, 따라서 땅을 많이 차지한 아이나 그렇지 못한 아이나 마지막엔 다를 게 없다. 애써 수고하여 쌓아 올린 욕망은 해가 짐과 함께 사라져버리고 마는 것이다.

따라서 작가는 열심히 놀이를 하다 해가 지자 엄마들의 부름에 집으로 돌아가는 아이들처럼 "언제 어디서든 하늘이 부르면 하던 일을 그만두고 돌아가야 한다."는 인간의 한계를 부각시킨다. 이 작품은 톨스토이의 소설집 『사람은 무엇으로 사는가』중의 「사람에게 땅이 얼마나 필요한가」와 유사하다. 본래 땅 욕심이 많은 농부 파홈은 어느 날 유목민들이 넓은 땅을 1000루불(한화로 13,730 원)만 받고 준다는 소문을 듣고 찾아간다. 그런데 조건이 있다. 해가 뜨는 순간부터 해가 지기 전까지 걸어서 돌아온 만큼의 땅을 주겠다는 것이다. 그리고 반드시 해가 지기 전에 도착해야 한다. 다음날 농부는 해가 뜨자마자 출발하여 열심히 걷는다. 갈수록 기름진 땅이 이어지고 농부는 땅을 한 뼘이라도 더 많이 차지하려고 신발과 옷까지 벗어 던진 채 있는 힘을 다해 달린다. 그렇게 하여 출발점으로 돌아오기는 했으나 해는 이미 졌고 탈진한 농부는 그 자리에 쓰러져 죽고 만다. 농부의 하인은 주인을 묻어줄 땅을 파기 시작한다. 결국 농부는 그가 묻힌 3아르신(약 2미터)의 땅을 가졌을 뿐이다.

3

앞에서 소개한 「해 아래 영원한 것은 없나니」가 인간의 욕망과 허무를 관조했다면 「벚나무집 간이역」과 「내가 가는 길만 비추기보다는」 두 작품은 작가의 직장, 회사를 제재로 하고 있다. 권 작가는 D전기공사의 부사장(사장은 남편)으로 근무하고 있다. 흔히 회사 부사장이라고 하면 명함만 붙이는 경우가 대부분인데, 권 작가는 국문학 학사에 경영학 석사 출신으로 직접 업무를 진행한다. 전국적인 전기공사 입찰을 통해 몇만대 일의 경쟁을 뚫고 작게는 몇억에서 많게는 수십억의 입찰을 따내는 실력가이다. 그러므로 회사는 권 작가가 핵

심 역할을 담당하고 있는 셈이다. 그런 가운데 권 작가는 글을 쓰고, 사진을 찍는 두 가지 예술을 병행하고 있다.

아무튼 회사 정문 앞에는 장년의 벚나무가 서 있고 벚나무는 회사를 찾는 사람들을 맞이하는 안내 역할을 하면서 4월이면 백설 같은 꽃을 화들짝 피워놓고 사람들을 행복하게 만든다. 회사는 도시 외곽에 있는 전원회사이다. 일반적으로 전원주택이라는 말은 많이 하지만 전원회사라는 말은 들어보기 힘든, 그의 사무실은 부산 도심을 훨씬 벗어나 있다. 기장으로 가는 곳 어느 한적한 마을 초입에 나지막한 산을 등지고 있다. 코발트 빛 하늘에는 흰 구름이 떠 있고 바람이 산을 타고 불어오는 곳, 거기 널따란 땅에 회사를 짓고 마당에는 꽃을 가꾸고 뒷면은 텃밭을 일구어 채소를 심고 닭을 키운다. 회사 앞쪽으로는 동해남부선 철도가 놓인 거대한 다리가 뻗어 있고 그 아래 널따란 공터는 권 작가네 회사 D전기공사를 방문한 사람들의 주차장으로 활용되고 있다.

그리고 작가는 이곳을 벚나무집 간이역으로 명명하는데, 가끔 완행열차가 지나가면서 잠시 산속의 고요를 흔들어 깨우기도 하지만 회사 사무실 창문에는 도시의 회색빛 대신 사계절의 풍경화가 그려지게 마련이다. 이런 자연 풍취 때문에 사장(남편)은 사업을 하는 본업을 잊어버릴 정도로 텃밭에

나가 농사짓는데 빠져버린다. 그래서 늘 작업복 차림이고, 거래처 손님들이 찾아오면 작업복을 입고 나타난 사장을 앞에 두고도 "사장님 어디 가셨어요"(「벚나무 간이역」)라고 묻기 일쑤다.

그런데 전원사무실 내부에는 아담한 게스트룸이 있다. 작가는 "누군가 지친 영혼이 맑은 햇살과 푸른 바람이 일렁이는 이곳에서 쉬어가면 좋겠다 싶어"(「내가 가는 길만 비추기보다는」) 게스트룸을 지었고 이름도 쉬어가는 의미를 상징하는 로뎀나무라 지었다고 한다(출석하는 교회 담임 목사님의 권유에 따라). 로뎀나무는 성서에 네 번 정도 등장하는 나무로 대표적인 경우는 선지자 엘리야의 사연이다. 선지자 엘리야가 아합의 아내 이세벨에게 쫓겨 달아나다 지친 나머지 로뎀나무 아래 앉아 "여호와여, 넉넉하오니 지금 내 생명을 취하옵소서."(왕상, 19: 4))라고 죽기를 간구하게 되고, 하나님은 엘리야를 살린다. 따라서 로뎀나무는 지친 자를 쉬게 해주는 의미를 상징하며 로뎀나무 이름표를 달고 있는 게스트룸은 말 그대로 객들이 묵어가는 공간이다. 주로 선교사들이 대상이다. 해외에서 선교 활동을 하다 귀국하여 며칠에서 길게는 한두 달씩 체류하는 선교사들이 그들이다. 권 작가는 게스트룸 로뎀나무에서 쉬다 떠나는 선교사들을 생각하며 다음과 같은 소회를 밝힌다.

> "수십 년 크리스천으로 살아온 나는 이웃사랑도 제대로 실천해 본 적이 없다고 생각하니 부끄러웠다. 평생 허리를 졸라매도 삶은 모래시계처럼 쉽게 빠져버리다가 다시 채워지기를 반복하는 터라 남에게 베푼다는 게 힘들었다. (…). 나도 섬김을 해보고 싶었다. 누군가 며칠을 묵고 가면 청소와 세탁을 해야 하고 음식물이며 여러 가지 쓰레기를 치워야 하지만 한 번도 힘들다는 생각이 들지 않았고 이상하게도 충만해 짐을 느낀다."
>
> – 「내가 가는 길만 비추기보다는」 중에서

'수십 년 크리스천으로 살아온 나는 이웃사랑도 제대로 실천해 본 적이 없다고 생각하니 부끄러웠다'는 고백에서 짐작할 수 있듯이 권 작가는 크게 여유롭지 않은 상황에서도 베푸는 삶을 살고 싶은 소망을 품었고 크리스천으로서 그것을 늘 부채처럼 지니고 있었다는 것을 짐작할 수 있다. 사실 유대광야에 자생하는 로뎀나무는 그늘을 드리우는 우람한 나무가 아니라 뿌리에서 가지가 나는 볼품없는 나무로 우리나라 싸리나무를 닮았다. 여기에서 우리가 주목해야 할 것은 보잘 것 없는 로뎀나무가 지친 자를 쉬게 하는 역할을 한다는 사실이다. 즉 로뎀나무가 상징하는 것은 가진 게 많지 않더라도 누군가를 위로하고 도울 수 있음을 의미한다. 그렇다면 게스트룸 로뎀나무는 권 작가의 소박한 꿈을 이루어주는 아름다운 공간, 축복의 공간이라고 할 수 있다.

　남이 부러워할 정도로 가진 것이 넉넉하지 않으면서도 누군가를 위해 뭐라도 하고 싶어 하는 마음은 배려와 나눔에 대한 영적 인성이 남달리 넉넉한 탓이다. 작가는 그것을 일명 '오지랖'으로 표현하는데 작품「오지랖」에서도 짐작할 수 있듯이 그는 길을 가다가도 도움이 필요한 상황을 그냥 지나치지 못한다.

　어느 날 폭우 속에 아파트 주차장에 주차를 하고 돌아서다가 창문이 열린 채로 주차되어 있는 승용차를 발견한다. 열린 창문으로 빗물이 마구 흘러 들어가 차 내부는 이미 엉망이 되어 있는 상황, 그대로 두었다가는 차가 성할 리 없다. 하필이면 차에는 전화번호도 없다. 다만 동 스티커만 붙어있다. 그것도 희망이다. 그는 경비실, 관리실을 찾아다니며 차 주인을 찾기 위해 동분서주한다. 관리실에서 다행히 차주인을 찾아 조치를 하게 된다. 그리고 다음 날 차 주인이 감사 케익을 보내온다.

　여기에 좋은 예는 톨스토이의 단편「사람은 무엇으로 사는

가」와 신약성서 누가복음 10장(25-37) 편을 들 수 있다.「사람은 무엇으로 사는가」는 가난한 구두세공인 시몬은 내일 아침 당장 먹을 빵이 떨어지고, 빵을 사기 위해 아내가 내준 마지막 털 외투를 팔러 시내로 간다. 가는 길에 교회 모퉁이에서 발가벗은 채 떨고 있는 거지(천사 미하일)를 발견한다. 시몬은 망설이지만, '거지를 돕는 것은 나 같은 가난뱅이가 아니라 부자들이 할 일'이라면서 애써 외면한다. 그러나 몇 걸음 못가 되돌아와 거지에게 털 외투를 입혀 집으로 데려간다. 누가복음 10장 편은 길에 강도를 만난 사람이 옷이 다 벗겨진 채로 피를 흘리며 거의 죽은 상태로 버려져 있다. 한 제사장이 그를 피해 간다. 레위인도 피해 간다. 그런데 여행 중인 사마리아 사람이 그를 자기 숙소로 데리고 가 보살펴 준다.

누구나 일상에서 이런저런 일을 만날 수 있다. 그러나 무관심한 사람과 관심을 갖는 사람으로 나뉜다. 더욱이 현대사회가 그렇다. 내일 아침 먹을 빵이 없을 정도로 가난한 시몬과 예루살렘 사람들이 이방인으로 취급하는 사마라인처럼 내 앞에 나타난 어떤 상황은 나에게 주어진 일이다. 남에 대한 배려는 가르쳐서 되는 일이 아니라 영적 영역에 속한다. 그래서 시몬은 되돌아와 거지를 구하고, 이방인이라고 홀대받는 사마리아인은 죽어가는 사람을 살리고, 작가는 비의 공격을 받고 있는 자동차를 구해준 것이다.

4

「봄날의 우수」는 세계에서 가장 치열하다는 우리나라 고등학생의 현실을 묘사한 내용이다. 고등학생 엄마인 작가는 어느 날 학부모 시험감독으로 선정되어 고등학교 시험날 감독으로 참여한다. "물속 같은 고요 속에 40명 고교생들의 눈빛만이 고광도 불빛처럼 반짝였다. 학기 초 중간고사답게 의지에 불타는 눈빛이 오히려 처연했다."고 할 정도로 치열한 쟁투의 현장인 고등학교 교실은 숨 막힌 침묵이 흐르는 가운데 시험이 시작되고, 작가는 역시 고교생 엄마로서 경쟁의 틀에 매인 아이들이 처연하게 보인 것이다. 그러나 정작 처연한 것은 경쟁의 틀에서 이탈한 아이들이다. 두 명이 책상에 엎드려 있다. 시험을 포기한 것이다. "시간이 촉박하게 흘러가는데 두 아이는 고개를 들지 않는 것"이다. 그런데 창가 쪽에 앉아있는 아이가 고개를 들고 창밖을 바라본다. 그때 작가는 "슬픈 듯한 시선에 가슴이 꽉 막혀왔다. 콧등이 시큰거려 몇 번인가 침을 꿀꺽 삼켰다. 중학교 때 엄마와 헤어져 늘 쓸쓸한 표정으로 자라야 했던 조카 생각이 떠오른 탓"이었는데, 작가는 집으로 돌아오면서 40명 아이들 가운데 경쟁을 포기한 두 명의 아이들을 생각하며 양 100마리 가운데 길 잃은 한 마리 양을 찾아 나선 예수님을 떠올린다.(마태 : 18, 13)

　오직 일등을 최고로 인정하는 세상에서 이 작품은 소설가 박완서의 수필 「꼴찌에게 보내는 갈채」와 공감대를 이룬다. 박완서 소설가는 어느 날 버스를 타고 가던 중 마라톤 선수들이 달리는 것을 보게 된다. 마라톤 때문에 잠시 버스가 정체되자 박완서는 차에서 내려 마라톤을 구경한다. 사람들은 모두 일등에게 관심이 쏠리고 박완서도 마찬가지다. 그런데 박완서는 꼴찌로 달리는 선수를 보게 된다. 그리고 꼴찌의 얼굴에서 엄청난 고통과 고독을 읽으면서 그가 주저앉지 않도록, 그에게 힘을 주어야 한다는 생각으로 차도로 뛰어든다.

　　"(전략). 나는 그의 표정을 볼 수 있었다. 나는 그런 표정을 생전 처음 보는 것처럼 느꼈다. 여지껏 그렇게 정직하게 고통스러운 얼굴을, 그렇게 정직하게 고독한 얼굴을 본 적이 없다. 가슴이 뭉클하더니 심하게 두근거렸다. 그는 20등, 30등을 초월해서 위대해 보였다. 지금 모든 환호의 영광은 우승자에게 있고 그는 환호 없이 달릴 수 있기에 위대해 보였다. 나는 그를 위해 뭔가 하지 않으면 안 된다고 생각했다.(…) 나는 용감하게 인도에서 차도로 뛰어내려 그를 향해 열렬한 박수를 보내며 환성을 질렀다. 나는 그가 주저 않는 걸 보면 안 되었다. 나는 그가 주저앉는 걸 봄으로써 내가 주저앉고 말 듯 한 어떤 미신적인 연대감마저 느끼며 실로 열렬하고도 우렁찬 환영을 했다. (하략)."

– 박완서, 「꼴찌에게 보내는 갈채」 중에서

박완서도 처음에는 일등을 보기 위해 버스에서 내렸다. 그런데 아무도 봐주지 않는 외로움 속에 고독하게 달리는 꼴찌의 고통을 발견하게 되고. 꼭 주저앉을 것만 같은 꼴찌에게 박완서는 희망을 주기 위해, 끝까지 포기하지 않고 달려주기를 바라는 심정으로 박수갈채를 보낸 것이다. 박완서의 행동은 반드시 마라톤만의 일이 아니다. 시험을 포기한 채 책상에 엎드려버린 아이나, 멀거니 창문 밖을 바라보는 쓸쓸한 아이나, 달리기에서 꼴찌를 한 선수나, 길 잃은 한 마리 양은 모두 사회적 약자들이거나 소외된 자들을 의미한다. 그리고 두 아이를 바라보며 가슴 아파하는 작가나. 달리기에서 꼴찌를 한 선수에게 박수를 보내는 소설가 박완서는 길잃은 한 마리 양을 찾아 나선 예수님의 행위를 실현한 것이다.(물론 성서의 길잃은 양은 구원의 문제이다.)

권 작가의 사유는 「뒷모습이 아름다운 사람」으로 이어진다. 작가는 남편과 함께 해운대 동백섬을 산책하면서 앞에 가는 사람들의 뒷모습에서 인간의 갖가지 모습을 포착한다. '모습'은 느낌 즉 이미지를 말하며 사람의 앞모습은 뒷모습으로 투영되는 이미지이다. 그리고 작가는 작품 서두에서 "뒷모습이 아름다운 사람을 보면 앞모습이 궁금할 때가 많다. 그를 앞질러 슬쩍 뒤돌아보고 싶어진다."는 것은 의미 있는 고백이다. 뒤뚱거리는 걸음걸이 아이를 앞세우고 걸어가는 젊은 엄마와 유모차를 끌고 가는 아빠의 뒷모습에서는 "세상 다 가진 것 같은 행복"을 읽는다(느낀다). 다리를 끌며 힘겹게 걸어가는 노인과 옆에서 함께 보조를 맞추며 걸어가는 할머니를 통해서는 인간의 허무와 측은함을 느낀다. 입대를 앞두고 머리를 깎은 채 엄마와 함께 걸어가며 대화를 나누는 모자母子를 바라보면서 몇 주 전 입대한 아들을 떠올린다.

그다음, 군살 하나 없이 시원하게 빠진 이십 대 청춘남녀의 뒷모습을 바라볼 때는 남편 뒤로 슬쩍 처져 걸으며 남편의 뒷모습을 바라본다. 남편은 청춘남녀들과 대조를 이룬다. 뱃살이 많이 불어 있고 목둘레도 굵다. 함께 살아온 배우자인 작가는 불어난 뱃살과 굵어진 목둘레를 "옆으로 불룩하게 퍼져 나온 배는 감당하기 힘들었던 삶의 무게일까? 굵어진 목둘레는 하고 싶은 말이 목에 가득 찬 탓일까?"라고 남편에 대한 측은함을 피력한다. 그러면서도 "양쪽으로 부지런히 흔들며 걷는 두 팔은 미래에 대한 희망의 돛을 달아 힘차게 나아가려는" 것으로 풀이한다. 작가는 앞서 노인 부부를 바라볼 때처럼 남편의 뒷모습에서 측은지심을 느끼면서도 가족으로서 남편에 대한 애정과 신뢰를 보여준다. 그리고 다음의 기막힌 알레고리 한 줄은 힘들게 살아가는 서민들의 삶을 가슴 깊숙이 느끼게 하는 아포리즘에 가까운 것이라 할 수 있다.

"힘든 삶은 뱃살을 불리고 하고 싶은 말은 목둘레를 늘릴 수 있다"
— 「뒷모습이 아름다운 사람」 중에서

5

수필은 작가의 생활권뿐만 아니라 성장배경까지 모든 것을 말해주기도 한다. 「내 생의 화양연화」를 보면 그의 성장과 그의 인성과 그의 글쓰기를 알 수 있다. 그는 마을과 멀리 떨어진 과수원집 소녀였다. 과수원은 마을 한복판에 있을 수 없는 일, 따라서 그는 들녘의 자연 속에서 과수원 나무에 열리는 열매들의 성장을 바라보며 성장했다. "계절마다 피어나는 들꽃이 친구였고 들로 일하러 간 식구들을 기다리며 혼자 지킨 빈집이 친구였고 내가 학교에 다녀오기만을 기다리는 우리 집 암소가 친구였다."는 고백에서 알 수 있듯이 외로울 정도로 자연을 친구삼아 성장했고 정서가 형성됐다. 넓은 들녘이 펼쳐진 곳에 홀로 서 있는 외딴집에서 자란 소녀는 조용한 정서, 순수한 정서를 형성하게 마련이다. 작품 「시어머니가 되었다구요」를 통해 알 수 있듯이 며느리를 봤으므로 그는 지금 중년을 넘어선 나이라는 것을 짐작할 수 있는데 그 시절을 인생에서 가장 행복했던 날로 기억한다. 지금 대도시의 시민으로 살아가는 작가는 자연과 함께 성장했던 시절을 생에 가장 행복했던 날로 기억하는 것이다.

또한 「벚나무집 간이역」, 「가을의 문장」 등을 통해서는 그의 생활권을 이해할 수 있는데 그는 "수십 년을 한결같이 집과 사무실과 교회를 오가며 살았다."(「가을의 문장」)고 고백한 대로 그의 생활권은 집과 직장과 교회가 전부이다. 이것을 삼각형으로 표현하자면 정삼각형 형태를 이룬다. 그런데 삼각형의 무게중심 법칙에서 세 변의 꼭짓점에서 선을 그으면 모두 삼각형의 중앙을 통과하게 되고 세 개의 선은 모두 중앙에서 만나게 되는데 이것을 삼각형의 무게중심이라고 한다.

따라서 권 작가 삶의 무게중심은 이 세 가지 변으로 무게중심을 잡고 있음을 보여준 것이며 집, 직장, 교회로 이루어진 삼각형의 세 개 변은 잘 닦여 있어 마치 트라이앵글처럼 봉으로 댕그랑, 치면 맑은 소리가 울릴 것 같다.

가족 이야기 가운데 「오래된 비밀」은 가족끼리 저마다 감추어온 비밀을 실토하는 것으로 유머와 함께 가족에 대한 잔잔한 행복감이 깃들어 있다. 어느 날 가족이 함께 식사를 하면서 저마다 사기를 당한 일화를 털어놓는다. '나'는 생선 장수에게 당한 것을, 남편은 청년 시절 백화점에서만 판매하는 물건이라는 말에 속아 아르바이트로 모은 돈을 몽땅 날린 것을, 큰아들은 길을 걷다가 낯모른 청년이 골목 안에 있는 여자 친구네 집 대문 초인종을 좀 눌러 달라는 부탁을 들어주려다가 골목길에서 갑자기 강도로 변한 놈에게 돈을 털린 이야기를 털어놓는다. 그런데 가만히 듣고 있던 둘째 아들이 "쯧쯧 다들 별수 없네요. 나한테는 늘 빈틈없는 것처럼 잘난 척 하시드만."이라는 핀잔을 날린다. 둘째 아들의 핀잔에서 우리는 겉으로는 완벽한 것처럼 보이지만 허술하기 짝이 없는 인간임을 다시 한번 느끼게 된다.

가족은 모두 한 번씩 사기를 당한 경험을 가지고 있고, 사기꾼들에게 사기를 당한 것은, 오히려 당한 사람이 부끄럽게 여긴 탓에, 차마 말하지 못한 채 품고 살다가 우연히 발설하게 된 것이지만 이것은 가족들의 유사한 공통점으로 발견되는 현상을 엿보게 한다. 흔히 가족들은 이렇게 유사한 공통점이 존재하는 것이고, 가족 간의 유머는 가족 간의 사랑과 신뢰와 화목을 더욱 깊게 만들어줄 뿐만 아니라 삶의 활력소가 된다. 가족에 대한 제재는 「두 남자 이야기」, 「공칠과삼의 정신」으로 이어지면서 작가는 남편과 아들을 케어해야 하는 입장을 고백한다. 아들과 남편이 서로 의견충돌이 생길 때는 남편도 아들과 다르지 않기 때문이다. 「공칠과삼의 정신」에서는 남편의 성실한 교회 생활을 엿볼 수 있고, 「열매」에서는 친정엄마에 대한 애절함을 전개한다. 인간은 누구에게나 엄마가 있다. 인간뿐만 아니라 생명이 있는 모든 것에는 모태가 존재하게 마련이다. 6남매를 키워낸 엄마는 평생 농사를 지으면서 가문과 전통을 숭상하는 안동 권씨 남편을 하늘처럼 떠받들고 사느라 18세기 조선 여인에 다름아닌 고된 삶을 살았다. 그리고 1년 전부터 초기 증상 치매를 앓는 엄마는 어느 날 경북 군위에서 딸(권 작가)이 사는 부산으로 치료를 받으러 온다. 엄마는 자식들이 사준 옷이 많은데도 불구하고 집에서 입는 고무줄 치마에 풀물이 베인 상의를 입고 있다. 딸은 병원장과 잘 아는 사이라 당황하게 되고, 미리 준비해온(그런 경험이 있는 탓) 옷으로 후다닥 갈아 입힌다. 노산 이은상의 수필 「한 눈 없는 어머니」를 떠올리게 한다.

「한눈 없는 어머니」는 1975년 고등학교 국어 교과서에 실린 작품으로 노산은 어느 날 제자인 김 군(당시 교수)을 만나게 되고, 김 군은 돌아가신 어머니 사진을 노산에게 보여준다. 그런데 어머니는 눈이 하나가 잘못되어 없는 상태다. 노산은 그런 어머니 사진을 보여준 김 군을 고맙게 생각한다. 그런데 김 군은 어머니 초상화를 그리고 싶다면서 유명한 화가 이름을 대면서 그 화가를 아느냐고 묻고 노산이 잘 안다고 하자 부탁 좀 해달라고 한다. 노산은 기쁜 마음으로 승낙을 하게 되는데, 김 군은 멋쩍은 표정으로 "두 눈이 있는 어머니로 그려달라"고 부탁한다. 그 말을 들은 노산은 그만 슬퍼지고 만다. 노산은 생각다 못해 김 군에게 편지를 쓴다.

> "(전략) 김 군. 순간 내 가슴은 떨리었소. (…). 그대의 돌아가신 어머니의 사진. 한눈 상하신 그 어머니의 얼굴이 눈앞에 나타나 원망의 눈물을 흘리시는 것 같아 견딜 수가 없었소. (…). 한눈을 상하신 까닭으로 평생을 학대 속에 사셨는지도 모를 그 어머니. 애닯소. (…). 지식인 그대마저 어찌 차마 그대 어머니의 상하신 한눈을 업신여겨 저버린단 말이오.(…). 온 세상이 다 불구라 비웃는데도 그대에겐 그분보다 더 고우신 분이

또 누구이겠소.(…)."

– 이은상, 「한 눈 없는 어머니」 중에서

　물론 「열매」에서 권 작가는 치매를 앓고 있는 엄마, 차림새가 허름한 엄마를 부끄러워한 것은 아니지만 "집에서 입던 검정색 고무줄 치마에 풀물이 여기저기 묻은 회색 블라우스를 입은 엄마의 모습에 서러움인지 속상함인지 모르는 그 무언가가 목구멍까지 차 올랐다."는 고백은 잘 아는 의사에게 누추하게 차려입은 엄마를 보여주기 싫은 것이 분명하다. 김 군이 눈이 하나 없는 어머니 초상화를 두 눈을 모두 그려주고 싶은 것은 어머니가 부끄러워서가 아니라 평생 두 눈을 갖기를 소망했던 자식의 심정이라고 보는 게 옳다.

　뿐만 아니라 엄마는 며칠만이라도 딸의 집에 머물며 쉬었다 가실 것을 권하지만 "고추를 따야 하고 참깨도 제 때에 털어야 하고 아버지의 식사도 챙겨야 한다."면서 그냥 떠버리고 만다. 엄마는 걸음도 겨우 떼는 몸으로 일을 걱정하며 떠나게 되고, 그런 엄마를 바라보며 작가는 "엄마의 자리는 그 자리에 계실 때 마음이 편하다"는 것을 생각하며 자신도 엄마를 닮아간다는 것을 의식한다. 그러니까 엄마는 엄마가 짊어진 것, 가족을 위해 헌신할 때 가장 행복하다는 것을 엄마와 자신을 통해 알게 된 것이다.

　그러나 인간은 지구가 하나이듯 오직 '나'로 존재한다. 나는 그 누구, 그 무엇으로도 대체할 수 없는 존재이다. 따라서 엄마는 언제나 엄마의 자리를 지키면서 가족을 위해 헌신하는 것이 무조건 행복하지만 '나'를 돌아보지 않을 수 없는 것이 또한 인간임을 작가는 「나는 나에게 무엇을 해주지?」를 통해 보여준다. 어느 날 은퇴하고 유유자적하게 노는 지인 N씨가 사무실을 방문하게 된다. N씨는 환갑을 넘기자 미련 없이 일에서 떠나 자신을 위해 살아가는 자유인이다. N씨는 말한다. "사람들은 몸이 망가지는 것도 모르고 일에 매달리는데, 그러다 보면 어느새 몸은 망가져 있다"면서 적당한 시기에 일을 놓을 줄 아는 게 현명한 삶이라며 은퇴를 강조한다, 작가는 N씨의 말에 백 퍼센트 동의한다. 그래서 "평생 엄마, 아내, 딸 역할을 하느라 단 한 번도 나만을 위해 시간을 사용해본 적이 없다"고 잠시 한탄을 해보지만, 걸음조차 제대로 걷지 못하는 몸이면서 가족을 위해 엄마 자리를 떠나지 못한 친정엄마처럼 자신도 엄마 자리를 한시도 비울 수 없다는 것을 의식한다.

　흔히 '나'가 아닌 일, 타자를 위해 일하는 것, 헌신하는 것을 주로 봉사라고 표현한다. 그러나 세상에서 가장 중요한 봉사는 '나'를 잘 이끌어가는 것이다. 세상의 모든 것은 나로 시작되기 때문이다. 나 하나가 바르면 주변이 바르고, 나 하나가 행복하면 주변이 모두 행복해지기 때문이다. 그러니까 타자를 위한 봉사는 결국 '나'를 위한 행위에 다름아니다.

6

　재질과 질감, 어떤 천을 만져봤을 때 촉감을 느끼게 된다. 삼베를 만져보면 거칠다. 비단을 만져보면 매끄럽다. 삼베는 거친 대마에서, 비단은 고운 누에 실이 재질인 탓이다. 수필의 재질도 마찬가지다. 생트뵈브의 '그 나무에 그 열매'라는 말대로 작가의 바탕이 재질이 된다. 권 작가의 재질은 부드러운 순면 같은 촉감을 준다. 첫째는 외딴 과수원집에서 태어나 자연을 몸으로 체득하며 몸으로 익힌 바탕이 꾸밈없이 순수한 질량質陽때문이다. 두 번째는 성실한 신앙생활 때문이다. 세 번째는 타자에 대한 관심 때문이다.
　일본 하이쿠(일본 시조) 시인 바쇼의 작품 "눈여겨 살펴보니/ 울타리 곁에 냉이꽃이 피어 있는 것이 보이누나"라는 시는 관심을 의미한다. 우리나라 시인 안도현의 작품 "그래, 허리를 낮출 줄 아는 사람에게만 / 보이는 거야 자줏빛이지"(「제비꽃에 대하여」)도 관심이다. 봄이면 들에 가장 낮게 피는 냉이꽃이나 제비꽃 같은 아주 작은 것일지라도 세상의 모든 것에는 진리가 숨어있다. 그런데 누구나 그것을 발견하지 못한다. 오직 몸을 낮추고 사유하는 자만이 그것을 발견하는 기쁨을 얻을 수 있다.

권 작가에게서 발견되는 것은 그런 것이다. 사실 "제비꽃을 알아도 봄은 오고, 제비꽃을 몰라도 봄은 간다"(안도현)는 시인의 말처럼 글을 쓰지 않아도 책을 읽지 않아도, 사유와 성찰을 하지 않아도 사람은 살 수 있다. 그런데 사람은 조금 더 사람답게 살고 싶은 욕망이 있다. 조금 더 갖추어진 삶을 살고 싶은 욕구가 있다. 그것은 인생의 멋이다. 인생의 멋을 즐기는 길은 사유하고 성찰하는 것이다.

다시 부연하여 글쓰기는 사유하는 방법, 성찰하는 방법이다. 그리고 사유하기, 성찰하기는 생각하기의 씨앗이다. 그런데 씨앗들은 왜 그렇게도 작을까, 작을수록 왜 그렇게도 우람할까, 성서에서는 가장 작은 것이 가장 크게 번성하는 것을 겨자씨에 비유한다. 거대한 낙락장송 솔 씨도 쌀의 오분의 일쯤이고, 아름드리 느티나무는 씨앗이 나뭇잎 뒤에 붙어있는데 너무 작아 아예 보이지 않는다고 한다. 그런데 그런 씨앗들이 우거진 덩굴을 만들고 우람한 소나무로 자라고 느티나무가 되는 것이다. 인간의 생각하기도 사유함에 따라 성찰함에 따라 우거진 덤불을 만들고 우람한 소나무와 느티나무를 만든다. 생각하기의 씨앗은 곧 그런 것이다.

　권 작가의 사유와 성찰, 즉 생각하기도 우람한 소나무와 느티나무로 자라기를 기대한다. 로뎀나무 그늘에서 더 많은 객들이 쉬어갈 수 있도록 로뎀나무가 더욱 무성해지기를 기원한다. 계속 꿈꾸는 작가가 되기를 기원하며 첫 작품집 발간을 무한 축하한다.

로뎀나무를 꿈꾸며

초판1쇄 발행 2023년 11월 30일

지은이 권갑숙
펴낸이 이길안
펴낸곳 세종출판사

주소 부산광역시 중구 흑교로 71번길 12 (보수동2가)
전화 051-463-5898, 253-2213~5
팩스 051-248-4880
전자우편 sjpl5898@daum.net
출판등록 제02-01-96

ISBN 979-11-5979-645-6   03810

정가 13,000원

본 도서는 2023년 부산광역시, 부산문화재단 부산문화예술지원사업으로
지원을 받았습니다.

이 책은 저작권법에 따라 보호받는 저작물이므로 무단전재와 무단복제를 금지하며,
이 책 내용의 전부 또는 일부 내용을 재사용하려면 사전에 저작권자와 세종출판사의
동의를 받아야 합니다.

* 잘못된 책은 교환해 드립니다.